BERESCHIT / 1. MOSE

Übungsbuch

Bereschit / 1. Mose Übungsbuch

Alle Rechte vorbehalten. Durch den Kauf dieses Übungsbuchs darf der Käufer die Übungsblätter nur für den persönlichen Gebrauch und den Unterricht, jedoch nicht für den kommerziellen Weiterverkauf kopieren. Mit Ausnahme der oben genannten Bestimmungen darf dieses Übungsbuch ohne schriftliche Genehmigung des Herausgebers weder ganz noch teilweise in irgendeiner Weise reproduziert werden.

Bible Pathway Adventures® ist eine Marke von BPA Publishing Ltd.

ISBN: 978-1-9992275-8-6

Autor: Pip Reid

Kreativdirektor: Curtis Reid

Lektorat: Marco und Sonja Röder

Für kostenlose Bibelmaterialien und Lehrerpakete mit Malvorlagen, Arbeitsblättern, Quizfragen und mehr besuchen Sie unsere Website unter:

shop.biblepathwayadventures.com

◇◦ EINFÜHRUNG ◦◇

Ihre Schüler werden mit unserem *Bereschit / 1. Mose Übungsbuch* mit Begeisterung die Thora kennenlernen. Wir haben jeden Thora-Abschnitt mit Bibelquiz, Arbeitsblättern, Rätseln und Fragen gefüllt, um Ihnen als Lehrer / Mitarbeiter zu helfen, Kindern den biblischen Glauben auf eine lustige und unterhaltsame Weise beizubringen. Es ist das perfekte Arbeitsmaterial für Ihre Sabbatklasse oder den Kindergottesdienst und Ihren Unterricht zu Hause. Inklusive Bibelstellenreferenzen für das einfache Nachschlagen von Bibelversen und einer praktischen Antwortenliste für Sie als Lehrer / Mitarbeiter.

Bible Pathway Adventures unterstützt, mit Hilfe unserer illustrierten Geschichten, Pädagogen und Eltern dabei, Kindern den biblischen Glauben auf unterhaltsame, kreative Weise zu vermitteln. Lehrerpakete, Übungsbücher und Druckvorlagen sind als Download auf unserer Website www.biblepathwayadventures.com verfügbar.

Vielen Dank, dass Sie dieses Übungsheft gekauft und unseren Dienst unterstützt haben. Jedes gekaufte Buch hilft uns dabei, Familien und Missionsarbeit auf der ganzen Welt mit kostenlosen Materialien zu versorgen.

***Die Suche nach der Wahrheit macht mehr Spaß,
als in Traditionen zu verharren!***

◆◇ INHALTSVERZEICHNIS ◇◆

Einführung 3

Thora Studienführer 8
Wir lernen Hebräisch 9

Bereschit
Bereschit Thora Lese-Quiz 12
Bereschit Propheten Lese-Quiz 13
Bereschit Apostel Lese-Quiz 14
Bereschit Wortsuche 15
Bereschit Übungsblatt 16
Bereschit Malvorlage 17
Wir lernen Hebräisch: Bereschit 18
Bereschit: Wir besprechen 19

Noach
Noach Thora Lese-Quiz 20
Noach Propheten Lese-Quiz 21
Noach Apostel Lese-Quiz 22
Noach Wortsuche 23
Noach Übungsblatt 24
Noach Malvorlage 25
Wir lernen Hebräisch: Noach 26
Noach: Wir besprechen 27

Lech-Lecha
Lech-Lecha Thora Lese-Quiz 28
Lech-Lecha Propheten Lese-Quiz 29
Lech-Lecha Apostel Lese-Quiz 30
Lech-Lecha Wortsuche 31
Lech-Lecha Übungsblatt 32
Lech-Lecha Malvorlage 33
Wir lernen Hebräisch: Lech-Lecha 34
Lech-Lecha: Wir besprechen 35

Wajera

Wajera Thora Lese-Quiz 36
Wajera Propheten Lese-Quiz 37
Wajera Apostel Lese-Quiz 38
Wajera Wortsuche 39
Wajera Übungsblatt 40
Wajera Malvorlage 41
Wir lernen Hebräisch: Wajera 42
Wajera: Wir besprechen 43

Chaje Sara

Chaje Sara Thora Lese-Quiz 44
Chaje Sara Propheten Lese-Quiz 45
Chaje Sara Apostel Lese-Quiz 46
Chaje Sara Wortsuche 47
Chaje Sara Übungsblatt 48
Chaje Sara Malvorlage 49
Wir lernen Hebräisch: Chaje Sara 50
Chaje Sara: Wir besprechen 51

Toledot

Toledot Thora Lese-Quiz 52
Toledot Propheten Lese-Quiz 53
Toledot Apostel Lese-Quiz 54
Toledot Wortsuche 55
Toledot Übungsblatt 56
Toledot Malvorlage 57
Wir lernen Hebräisch: Toledot 58
Toledot: Wir besprechen 59

Wajeze

Wajeze Thora Lese-Quiz 60
Wajeze Propheten Lese-Quiz 61
Wajeze Apostel Lese-Quiz 62
Wajeze Wortsuche 63
Wajeze Übungsblatt 64
Wajeze Malvorlage 65
Wir lernen Hebräisch: Wajeze 66
Wajeze: Wir besprechen 67

Wajischlach
Wajischlach Thora Lese-Quiz 68
Wajischlach Propheten Lese-Quiz 69
Wajischlach Apostel Lese-Quiz 70
Wajischlach Wortsuche 71
Wajischlach Übungsblatt 72
Wajischlach Malvorlage 73
Wir lernen Hebräisch: Wajischlach 74
Wajischlach: Wir besprechen 75

Wajeschew
Wajeschew Thora Lese-Quiz 76
Wajeschew Propheten Lese-Quiz 77
Wajeschew Apostel Lese-Quiz 78
Wajeschew Wortsuche 79
Wajeschew Übungsblatt 80
Wajeschew Malvorlage 81
Wir lernen Hebräisch: Wajeschew 82
Wajeschew: Wir besprechen 83

Mikez
Mikez Thora Lese-Quiz 84
Mikez Propheten Lese-Quiz 85
Mikez Apostel Lese-Quiz 86
Mikez Wortsuche 87
Mikez Übungsblatt 88
Mikez Malvorlage 89
Wir lernen Hebräisch: Mikez 90
Mikez: Wir besprechen 91

Wajigasch
Wajigasch Thora Lese-Quiz 92
Wajigasch Propheten Lese-Quiz 93
Wajigasch Apostel Lese-Quiz 94
Wajigasch Wortsuche 95
Wajigasch Übungsblatt 96
Wajigasch Malvorlage 97
Wir lernen Hebräisch: Wajigasch 98
Wajigasch: Wir besprechen 99

Wajechi
Wajechi Thora Lese-Quiz 100
Wajechi Propheten Lese-Quiz 101
Wajechi Apostel Lese-Quiz 102
Wajechi Wortsuche 103
Wajechi Übungsblatt 104
Wajechi Malvorlage 105
Wir lernen Hebräisch: Wajechi 106
Wajechi: Wir besprechen 107

Antwortenliste 108
Entdecken Sie weitere Übungsbücher! 115

BERESCHIT WÖCHENTLICHER THORA STUDIENFÜHRER

Mit Lesungen von den Propheten und Aposteln

Parascha	Thora-Lesung	Lesung der Propheten	Lesung der Apostel
Bereschit	1. Mose 1:1-6:8	Jesaja 42:5-43:10	Johannes 1:1-18
			Römer 5:12-21
			Matthäus 19:4-6
Noach	1. Mose 6:9-11:32	Jesaja 54:1-55:5	Matthäus 24:36-44
			1 Petrus 3:18-22
Lech-Lecha	1. Mose 12:1-17:27	Jesaja 40:27-41:16	Hebräer 7:1-22
			Römer 4:1-25
			Apostelgeschichte 7:1-8
Wajera	1. Mose 18:1-22:24	2 Könige 4:1-37	Galater 4:21-31
			Jakobus 2:14-24
			Hebräer 11:13-19
Chaje Sara	1. Mose 23:1-25:18	1 Könige 1:1-31	1 Petrus 3:1-7
			1 Korinther 15:50-57
			Hebräer 11:11-16
Toledot	1. Mose 25:19-28:9	Maleachi 1:1-2:7	Römer 9:6-16
			Hebräer 11:20 & 12:14-17
Wajeze	1. Mose 28:10-32:3	Hosea 12:12-14:9	Markus 1:16-20
			Johannes 1:43-51
			Hebrews 8:6-8
Wajischlach	1. Mose 32:3-36:43	Hosea 11:7-12:12	Matthäus 26:36-46
			Offenbarung 7:1-14
			1 Korinther 5:1-13
Wajeschew	1. Mose 37:1-40:23	Amos 2:6-3:8	Apostelgeschichte 7:9-16
Mikez	1. Mose 41:1-44:17	1 Könige 3:15-4:1	Matthäus 7:2
			Apostelgeschichte 7:9-16
Wajigasch	1. Mose 44:18-47:27	Hesekiel 37:15-28	Römer 9:1-19
			Römer 11:13-24
			Epheser 2:11-22
			Matthäus 10:1-7, 34
Wajechi	1. Mose 47:28-50:26	1 Könige 2:1-12	1 Petrus 2:4-10
			Lukas 1:23-33
			Hebräer 11:21-22

WIR LERNEN HEBRÄISCH

Das hebräische Alphabet hat 22 Buchstaben. Verwende diese Tabelle als Orientierungshilfe, wenn du das hebräische Wort für jeden Thora-Abschnitt lernst.

Aleph	Bet	Gimel	Daleth	He
א	ב	ג	ד	ה

Waw	Zajin	Chet	Tet	Yod
ו	ז	ח	ט	י

Kaph	Lamed	Mem	Nun	Samech
כ	ל	מ	נ	ס

Ayin	Pe	Tzade	Qoph	Resch
ע	פ	צ	ק	ר

Schin	Taw
ש	ת

LASST UNS SCHREIBEN

Übe diese hebräischen Buchstaben in den folgenden Zeilen zu schreiben. Denke daran, dass Hebräisch von RECHTS nach LINKS geschrieben wird.

אבגהטסן

LASST UNS SCHREIBEN

Übe diese hebräischen Buchstaben in den folgenden Zeilen zu schreiben.
Denke daran, dass Hebräisch von RECHTS nach LINKS geschrieben wird.

BERESCHIT THORA LEKTÜRE

Lies 1. Mose 1,1-6,8.
Beantworte die folgenden Fragen.

1. An welchem Tag hat Jah den Menschen erschaffen? ....

2. Was hat Jah am siebten Tag getan? ....

3. Wie hießen die vier Flüsse, die aus Eden flossen? ....

4. Wer hat alle Tiere, die von Jah geschaffen wurden, benannt? ....

5. Wer wurde von der Schlange im Garten Eden in Versuchung geführt? ....

6. Wessen Opfer hat Jah nicht angenommen? ....

7. Wer hat Abel getötet? ....

8. In welches Land ging Kain, um dort zu leben? ....

9. Wie alt war Adam, als er starb? ....

10. Wer fand in den Augen von Jah Gefallen? (1 Mose 6,8) ....

BERESCHIT PROPHETEN LEKTÜRE

Lies Jesaja 42,5-43,10.
Beantworte die folgenden Fragen.

1. Wer gibt den Menschen auf der Erde Atem und Geist? ....

2. Lasst die Bewohner der Stadt _____ vor Freude singen. ....

3. Jah zeigt sich _____ gegen seine Feinde. ....

4. Was wird Jah in Licht verwandeln? (Jesaja 42,16) ....

5. Was hat Jah größer und glorreich gemacht? (Jesaja 42,21) ....

6. Wen hat Jah beim Namen genannt? (Jesaja 43,1) ....

7. Wenn du so durchs _____ gehst, werde ich bei dir sein. (Jesaja 43,2) ....

8. Wer ist unser Erlöser? (Jesaja 43,3) ....

9. Welches Land hat Jah als Lösegeld gegeben? ....

10. Wurden andere Götter vor oder nach Jah erschaffen? ....

BERESCHIT APOSTEL LEKTÜRE

Lies Matthäus 19,4-6, Johannes 1,1-18 und Römer 5,12-21.
Beantworte die folgenden Fragen.

1. Was Jah _____ hat, soll der Mensch nicht trennen. ....

2. Derjenige, der sie am Anfang erschaffen hat, machte sie als _____ und _____. ....

3. Was war am Anfang? (Johannes 1,1) ....

4. Was hat Jah Johannes dem Täufer aufgetragen zu tun? ....

5. Wer wurde Fleisch und lebte unter uns? ....

6. Wem wurde die Thora gegeben? ....

7. Wer hat die Wahrheit gebracht? ....

8. Wer hat Jah gesehen? (Johannes 1,18) ....

9. Wie ist die Sünde in die Welt gekommen? (Römer 5,12) ....

10. Was war vor der Thora in der Welt? ....

BERESCHIT

Lies 1. Mose 1,1-6,8. Finde und umkreise jedes der Wörter auf der untenstehenden Liste.

```
G X N O A H D L O V I Q B N T P Y V T V
F M U S C H L A N G E G D E N C I D K Q
F U N T H V K W Z L W R H J D Z N X R K
L T K D R O I D C N P I T H A E X J M L
U H H J X Y D B Z M R A V J N R N B P I
S Z Z K A K T V I O Q F E V F O V E A C
S F R I D H K A I N F T F D A S Q J X H
I O Z L E J R L P S M A L G N L I G E T
M X Y E E O X E P B Z G X E G P D X V S
J Q G O T T R L S Z J W F S F R G G U G
X E C Q W A C J V Z C K M H A F P J J Q
D J A N J V A K I H E L Q I A B E W N Q
Y K S C I Y K Q Q U Y I Z M X S B C C F
C Q L W M G R X Q S B Y T M T X J A S V
L B D Y L S M Y S Z C T K E U W V E T J
I Y S R F U L V M S X I I L N S F S X A
G X Q R I E S E N S U V C K T K N G F B
U H L W B T V P Q E C J Y J Y K I M C E
A D A M C M P L L W X J I N Y A V F F L
F U T G M P R Z H M E S W P B E V A A Q
```

RIESEN	ANFANG	GOTT	HIMMEL
LICHT	ADAM	JAHRESZEITEN	ABEL
SCHLANGE	FLUSS	EVA	NOAH
EDEN	SABBAT	TAG	KAIN

Bereschit

Zeichne den Garten Eden. Benutze deine Fantasie!

Wie würdest du Kains Charakter beschreiben?

Zeichne eine Karte von Ägypten.

Stell dir vor, du bist Adam und Eva. Wie hat sich dein Leben verändert, nachdem du den Garten Eden verlassen hast?

KAIN & ABEL

Öffne deine Bibel und lies 1. Mose 4,1-26.
Beantworte die Fragen. Male das Bild aus.

1. Welches Opfer hat Abel Jah gegeben? (Vers 4)

....
....
....
....

2. Wer hat Abel getötet? (Vers 8)

....
....
....
....

3. In welches Land ist Kain geflohen? (Vers 16)

....
....
....
....

✦ BERESCHIT ✦

"Im Anfang schuf Jah die Himmel und die Erde. Die Erde war aber wüst und leer, und es lag Finsternis auf der Tiefe; und der Geist Jahs schwebte über den Wassern."

1. Mose 1,1-2

Zeichne das hebräische Wort hier nach:

Schreibe das hebräische Wort hier:

WIR BESPRECHEN: BERESCHIT

Öffne deine Bibel und lies die folgenden Bibelverse.
Diskutiere diese Fragen mit deiner Familie, deinen Freunden und Klassenkameraden.

1. Lies 1. Mose 1. Was gab es vor der Sonne, dem Mond, den Sternen und der Erde?

2. Lies 1. Mose 1,26. Nach wessen Bild hat Jah den Mensch erschaffen?

3. Lies 1. Mose 2,1-3. Was hat Jah am siebten Tag getan? Glaubst du, wir müssen heute den Sabbat ehren? Wenn ja, wie ehrt man den Sabbat?

4. Lies 1. Mose 3. Warum glaubst du, hat Adam auch die Frucht vom Baum der Erkenntnis von Gut und Böse gegessen?

5. Lies 1. Mose 4. Warum glaubst du, dass Jah das Opfer von Kain nicht angenommen hat?

6. Lies 1. Mose 5. Warum glaubst du, dass Männer wie Noah und Lamech in der Lage waren, Hunderte von Jahren zu leben?

NOACH THORA LEKTÜRE

Lies 1. Mose 6,9-11,32.
Beantworte die folgenden Fragen.

1. Wer waren Noahs drei Söhne? ....

2. Wie viele Paare von jedem "reinen" Tier hat Noah auf die Arche mitgenommen? ....

3. Wie alt war Noah, als die Sintflut begann? ....

4. Auf welchem Gebirge kam Noahs Arche an? ....

5. Was war das Zeichen des Bundes zwischen Jah und Noah? ....

6. Wie hoch wollten die Menschen den Turm von Babel bauen? ....

7. Wie konnte Jah ihre Arbeit stoppen? ....

8. Wie hieß der Ort, an dem die Leute versuchten, den Turm zu bauen? ....

9. Was ist mit den Leuten passiert, nachdem sie aufgehört hatten, den Turm zu bauen? ....

10. Wer waren Terahs drei Söhne? ....

NOACH PROPHETEN LEKTÜRE

Lies Jesaja 54,1-55,5.
Beantworte die folgenden Fragen.

1. Denn du wirst dich ausbreiten zur _____ und zur _____.

2. Wer ist der Ehemann Israels?

3. Wer ist der Gott der ganzen Erde?

4. Für einen kurzen Moment habe ich dich verlassen, aber mit großer _____ werde ich dich sammeln.

5. Wessen Liebe wird dich nicht verlassen?

6. Deine Kinder werden von _____ gelehrt, und der _____ deiner Kinder wird groß sein.

7. Was ist nicht von Jah? (Jesaja 54,15)

8. Jeder, der durstig ist, kommt zum _____. (Jesaja 55,1)

9. Was passiert, wenn wir unser Ohr neigen und zu Jah kommen?

10. Was hat Jah aus König David gemacht? (Jesaja 55,4)

NOACH APOSTEL LEKTÜRE

Lies Matthäus 24,36-44 und 1 Petrus 3,18-22.
Beantworte die folgenden Fragen.

1. Wer weiß, wann Jeschua zurückkehren wird? (Matthäus 24,36) ....

2. Welchen Zeitraum erwähnt die Bibel in Matthäus 24,37? ....

3. Was wird mit zwei Männern auf einem Feld passieren? ....

4. Was wäre passiert, wenn der Herr gewusst hätte, wann der Dieb kommen würde? ....

5. Warum sollten wir wach bleiben? ....

6. Wann sagt die Bibel, wird Jeschua zurückkehren? (Matthäus 36,44) ....

7. Warum musste Jeschua sterben? (1. Petrus 3,18) ....

8. Wie viele Menschen haben die Sintflut überlebt? (1. Petrus 3,20) ....

9. Wo ist Jeschua? (1. Petrus 3,22) ....

10. Über welche unsichtbaren Mächte oder Wesen herrscht Jeschua? ....

NOACH

Lies 1. Mose 6,9-11,32. Finde und umkreise jedes der Wörter auf der untenstehenden Liste.

```
K R W Q K S Y R S W W F A D D M P N T E
Y A E T Y W G W Q S H Z L G Y A S B I C
A C C I U E Z V F G A H B R Z P I U F U
S L R X N I I T A D L R Z C Q Z E N L O
N D T X X N M Q W A L L F T G T A R U U
W O S A X B M S O I E A D U X I G E T L
O T Z W R E F X K M D T R R D D O I H H
C O N T Q R V N K R D E P M M B V N Z T
C S C C Q G K D X W J I T V U Y P O Y E
J H D U O J Y Q T Z S I N E A R J N S M
L V U R E G E N B O G E N B A B E L M Q
O G K L L P U W P U G K I O O L D V Ä R
I B D I W Y T F L O E S U P A C R I N G
Y B H B G K I D P U I E A W B H C U N V
S D P S W A S S E R O N J M V K H W E C
S K P H N J H P J A X F O W B R Z J R T
P V A L Q V D Z V Z S S Q V Y V O R Z A
G T I E R E D U Z T A R C H E X H F F E
X E W S P R A C H E N H W S Y Y T H J G
N D I F E T A U B E N O S Q O U U F T A
```

TIERE	SINEAR	TAUBEN	ARCHE
WEINBERG	REGENBOGEN	MÄNNER	NOAH
WASSER	TURM	BABEL	REIN
FLUT	ALTAR	UNREIN	SPRACHEN

Noach

Zeichne den Turm von Babel. Benutze deine Fantasie!

Wie würdest du Noahs Charakter beschreiben?

Dieser Thora-Teil lehrt mich…

Wenn die Geschichte der Sintflut ein Buch wäre, würde das Cover wie folgt aussehen…

REIN UND UNREIN

Öffne deine Bibel und lies 1. Mose 7,1-16.
Beantworte die folgenden Fragen. Male das Bild aus.

1. Wie viele Paare von reinen Tieren und Vögeln hat Noah auf die Arche mitgenommen?

....
....
....
....

2. Wie viele Paare von unreinen Tieren hat Noah auf die Arche mitgenommen?

....
....
....
....

3. Wie alt war Noah, als die Flut begann? (Vers 11)

....
....
....
....

NOACH

"Dies ist die Geschichte Noahs: Noah, ein gerechter Mann, war untadelig unter seinen Zeitgenossen; Noah wandelte mit Gott. Und Noah hatte drei Söhne gezeugt: Sem, Ham und Japhet."

1. Mose 6,9-10

Zeichne das hebräische Wort hier nach:

Schreibe das hebräische Wort hier:

WIR BESPRECHEN: NOACH

Öffne deine Bibel und lies die folgenden Bibelverse.
Diskutiere diese Fragen mit deiner Familie, deinen Freunden und Klassenkameraden.

1. Lies 1. Mose 6,9. Wie ist Noah mit Jah gewandelt? Was bedeutet es, mit Ihm zu wandeln?

2. Lies 1. Mose 6,9. Was bedeutet es, "perfekt" oder "untadelig" zu sein? Schaue die Bedeutung des hebräischen Wortes "tamim" nach.

3. Lies 1. Mose 6,9-13. Warum hat Jah eine Flut auf die Erde geschickt?

4. Lies 1. Mose 6,9-9,17 und 2. Petrus 2,5. Diskutiert Noahs Charakter. Was hast du gelernt?

5. Lies Hebräer 11,7. Was hat Noah getan, während er die Arche baute? Glaubst du, er hat die Leute gewarnt? Wäre diese Botschaft gut angekommen?

6. Lies 1. Mose 11,1-9. Warum hat Jah die Leute daran gehindert, einen Turm bis in den Himmel zu bauen?

LECH-LECHA THORA LEKTÜRE

Lies 1. Mose 12,1-17,27.
Beantworte die folgenden Fragen.

1. Wie alt war Abram, als er von Haran wegging? ....

2. Wer war Abrams Frau? ....

3. In welches Land reiste Abraham, um der Hungersnot zu entkommen? ....

4. Warum hat Jah große Plagen über das Haus des Pharaos geschickt? ....

5. In welches Land ist Lot gezogen? ....

6. Was hat Abram getan, nachdem Lot gefangen genommen wurde? ....

7. Was hat Abraham Melchisedek gegeben? ....

8. Als Jah einen Bund mit Abram schloss, welches Land hat er ihm gegeben? ....

9. Wer war Abraham und Hagars Sohn? ....

10. Was hat Jah Abraham und Sarah versprochen? ....

LECH-LECHA PROPHETEN LEKTÜRE

Lies Jesaja 40,27-41,16.
Beantworte die folgenden Fragen.

1. Wer hat die Erde erschaffen?

2. Welche Art von Gott ist Jah in Jesaja 40,28?

3. Jah wird nicht müde oder _____. (Jesaja 40,28)

4. Was passiert mit denen, die auf Jah harren?

5. Wen gib Jah hin und wen unterwirft Jah?

6. Ich, der HERR, der _____ und der Letzte. (Jesaja 41,4)

7. Wie beschreibt Jah Israel in Jesaja 41,8?

8. Wer ist der Vater Israels laut Jesaja 41,8?

9. Wer wird das Volk Israel laut Jesaja 41,10 stärken und ihm helfen?

10. Wer ist unser Erlöser?

LECH-LECHA APOSTEL LEKTÜRE

Lies Apostelgeschichte 7,1-22,
Römer 4,1-25 und Hebräer 7,1-8.
Beantworte die folgenden Fragen.

1. Was hat Jah Abraham aufgetragen? (Apostelgeschichte 7,3) ....

2. Welchen Bund hat Jah Abraham gegeben? (Apostelgeschichte 7,8) ....

3. Wessen Vater war Jakob? ....

4. Der Glaube an Jah wurde Abraham als _____ angerechnet. (Römer 4,9) ....

5. Das Versprechen an Abraham und seine Nachkommen kam durch die _____. ....

6. Wo es keine Thora gibt, gibt es auch keine _____. (Römer 4,15) ....

7. Von welchem Land war Melchisedek der König? (Hebräer 7,1) ....

8. Was gab Abraham Melchisedek? ....

9. Aus welchem Stamm Israels wurden Priester ausgewählt? (Hebräer 7,5) ....

10. Jeschua gehörte zu welchem Stamm Israels? (Hebräer 7,14 ....

LECH-LECHA

Lies 1. Mose 12,1-17,27. Finde und umkreise jedes der Wörter auf der untenstehenden Liste.

```
P G L A U B E Ä H G I Z G S W U S C K O
U B N J R B W G U Y C X A S H W O M G G
E C F V X D Q Y N O O P V L F P D B O H
T C Z M Y Q I P G Y O H F A F S O R C Q
Z X P F H C G T E C C A X I Y N M Y O S
E S L Y B R T E R T D R E U P Z L E D I
P L A C N C P N S W Q A X K Z L T P X B
N F V R D J D E N W G N X P A G P D U D
M A S J A N H S O L W K Q M L N R L K B
X I M K W H Q G T L Q G F K L P A G B U
Q H I Y G E R E C H T I G K E I T A K N
G E W B O F W Z W A H P K C J V J A N D
M H R D N J X P P B Q U S W M S M T X C
S C H W E F E L W D N O C V I E U D S R
U Y D Y V P Z O J N J P H A R A O O H E
C A N C Y C U Z I K V S B B E B V S J N
F V R T W R H Z Q T O E H A G A R Q E A
U V X I S A A K X A Y R G K R M V O K O
B I C J C W U L L A B R A H A M T M T K
D I V H K L T Y F R A U S V O B E O L U
```

GERECHTIGKEIT	ABRAHAM	FRAU	HUNGERSNOT
GLAUBE	BROT	KANAAN	BUND
ÄGYPTEN	PHARAO	HARAN	ISAAK
SODOM	SARAH	SCHWEFEL	HAGAR

Lech-Lecha

Zeichne eine Karte von Abrahams Reise von Haran nach Kanaan.

Wie würdest du Abrahams Charakter beschreiben?

Wenn man dich bitten würde, deine Familie zu verlassen und in ein anderes Land zu ziehen, wie würde sich dein Leben ändern?

Zeichne den Pharao und sein Haus voll mit den großen Plagen. Benutze deine Fantasie!

DER PHARAO

Öffne deine Bibel und lies 1. Mose 12,10-20.
Beantworte die folgenden Fragen. Male das Bild aus.

1. Von welchem Land war der Pharao König? (Vers 10)

....
....
....
....

2. In wessen Haus lebte Sarah? (Vers 15)

....
....
....
....

3. Wie hat Jah den Pharao bestraft? (Vers 17)

....
....
....
....

★ LECH-LECHA ★

"Der Herr aber hatte zu Abram gesprochen: Geh hinaus aus deinem Land und aus deiner Verwandtschaft und aus dem Haus deines Vaters in das Land, das ich dir zeigen werde! Und ich will dich zu einem großen Volk machen und dich segnen und deinen Namen groß machen, und du sollst ein Segen sein."

1. Mose 12,1-2

Lech-Lecha

„Gehe hin"

לֶךְ לְךָ

Zeichne das hebräische Wort hier nach:	Schreibe das hebräische Wort hier:
לֶךְ לְךָ לֶךְ לְךָ	

WIR BESPRECHEN: LECH-LECHA

Öffne deine Bibel und lies die folgenden Bibelverse.
Diskutiere diese Fragen mit deiner Familie, deinen Freunden und Klassenkameraden.

1. Lies 1. Mose 12,1-9. Jah bat Abram, seine Familie zu verlassen und Haran zu verlassen. Warum ist es wichtig, das zu tun, worum Jah uns bittet?

2. Lies 1. Mose 12,10-20. Warum hat Abraham dem Pharao gesagt, dass Sarah seine Schwester ist?

3. Lies 1. Mose 12. Jah hat einen Bund mit Abraham geschlossen. Was hat er Abraham versprochen?

4. Lies 1. Mose 13,5-13. Wie würdest du Abrahams und Lots Charakter vergleichen?

5. Lies 1. Mose 15. Was ist ein Bund? Warum sind Bünde oder Vereinbarungen so wichtig? Hat Jah jemals einen Bund gebrochen?

6. Lies 1. Mose 16-17. Jah nannte Abraham den "Vater vieler Völker". Aber nachdem Abraham viele Jahre auf einen Sohn gewartet hatte, nahm er die Dinge selbst in die Hand und bekam ein Kind mit Hagar. Das Ergebnis war die Geburt von Ismael. Hast du Probleme damit, auf Jah zu warten?

WAJERA THORA LEKTÜRE

Lies 1. Mose 18,1-22,24.
Beantworte die folgenden Fragen.

1. Wie viele Männer besuchten Abraham im Hain von Mamre? ....

2. Wer war Abrahams Frau? ....

3. Wie viele Engel besuchten Sodom? ....

4. Was regnete auf Sodom und Gomorra herab? ....

5. Was geschah mit Lots Frau, als sie auf die Stadt zurückblickte? ....

6. Welche Geschenke hat Abimelech Abraham gegeben? ....

7. Wie alt war Abraham, als Isaak geboren wurde? ....

8. Wo lebten Hagar und Ismael, nachdem sie aus dem Lager geschickt wurden? ....

9. Wo haben Abraham und Abimelech einen Bund geschlossen? ....

10. Warum hat Abraham seinen Sohn in das Land Morija gebracht? ....

WAJERA PROPHETEN LEKTÜRE

Lies 2. Könige 4,1-37.
Beantworte die folgenden Fragen.

1. Warum rief die Frau nach Elisa? ....

2. Was hatte die Frau in ihrem Haus? ....

3. Welche Anweisungen gab Elisa der Frau? ....

4. In welcher Stadt hat Elisa oft zum Essen angehalten? ....

5. Wer war Elisas Diener? ....

6. Was hat Elisa der schunamitischen Frau in 2. Könige 4,16 gesagt? ....

7. Was geschah mit dem Sohn der schunamitischen Frau in 2. Könige 4,20? ....

8. Zu welchem Ort reiste die Frau, um Elisa zu treffen? ....

9. Warum wollte der Mann der Frau nicht, dass sie reist? ....

10. Wie hat Elisa den Sohn der Frau wieder zum Leben erweckt? ....

WAJERA APOSTEL LEKTÜRE

Lies Galater 4,21-31, Hebräer 11,13-19 und Jakobus 2,14-24.
Beantworte die folgenden Fragen.

1. Wie viele Söhne hatte Abraham? ....

2. Wo ist der Berg Sinai? ....

3. Wer war die Mutter von Ismael? ....

4. Wer war die Mutter von Isaak? ....

5. Mit welcher Stadt im Land Israel wurde Hagar verglichen? ....

6. Nun seid ihr, Brüder, wie Isaak, Kinder der _____. (Galater 4,28) ....

7. Wir sind nicht Kinder der Magd, sondern der _____. (Galater 4,31) ....

8. Durch den _____, als Abraham vor Gericht gestellt wurde, bot er Isaak als Opfer an. (Hebräer 11,17) ....

9. Was nützt es, wenn jemand sagt, dass er Glauben hat, aber nicht die _____? (Jakobus 2,14) ....

10. Abraham hat _____ geglaubt und es wurde ihm zur _____ gerechnet. (Jakobus 2,23) ....

WAJERA

Lies 1. Mose 18,1-22,24. Finde und umkreise jedes der Wörter auf der untenstehenden Liste.

BUND	ENGEL	SARAH	OCHSE
SODOM	MUTTER	GOMORRA	ISAAC
ABRAHAM	WIDDER	ZELT	ZOAR
BEERSCHEBA	LOT	ISRAEL	HAGAR

Wajera

Zeichne ein Bild von Abraham und Isaak in Morija.

Erstelle ein Filmposter für die Geschichte von Sodom & Gomorra.

Dieser Thora-Teil lehrt mich...

Stell dir vor, du bist Abraham. Schreibe einen Tagebucheintrag für den Tag, an dem drei Männer dich im Hain von Mamre besucht haben.

OPFER DES ISAAKS

Öffne deine Bibel und lies 1. Mose 22,1-14.
Beantworte die folgenden Fragen. Male das Bild aus.

1. In welches Land hat Jah gesagt, soll Abraham Isaak mitnehmen? (Vers 2)

....
....
....
....

2. Was hat Abraham für das Brandopfer gebaut? (Vers 9)

....
....
....
....

3. Welches Tier hat Abraham geopfert? (Vers 13)

....
....
....
....

WAJERA

"Und der Herr erschien ihm bei den Terebinthen Mamres, während er am Eingang seines Zeltes saß, als der Tag am heißesten war. Und er erhob seine Augen und schaute, siehe, da standen drei Männer ihm gegenüber."

1. Mose 18,1-2

Wajera

„Und er erschien"

וַיֵּרָא

Zeichne das hebräische Wort hier nach:

Schreibe das hebräische Wort hier:

WIR BESPRECHEN: WAJERA

Öffne deine Bibel und lies die folgenden Bibelverse.
Diskutiere diese Fragen mit deiner Familie, deinen Freunden und Klassenkameraden.

1. Lies 1. Mose 18,1-15 und Lukas 1,37. Glaubst du, dass für Jah nichts unmöglich ist? Überlegt gemeinsam, wann in eurem Leben etwas wunderbares passiert ist.

2. Lies 1. Mose 18,16-33. Warum glaubst du, dass Jah beschlossen hat, Sodom und Gomorra zu zerstören?

3. Lies 1. Mose 21,8-21. Abraham nahm die Dinge selbst in die Hand und bekam ein Kind mit Hagar. Was passiert, wenn wir die Dinge aus eigener Kraft tun, anstatt auf Jah zu warten?

4. Lies 1. Mose 22,1-19. Glaubte Abraham wirklich an Jahs Versprechen, dass er der Vater vieler Nationen sein würde? Wie hat Jah Abraham getestet?

5. Lies 1. Mose 22,5. Gibt es einen Hinweis darauf, dass Abraham vielleicht nicht wirklich glaubte, dass Jah zulassen würde, das er Isaak tötete?

CHAJE SARA THORA LEKTÜRE

Lies 1. Mose 23,1-25,18.
Beantworte die folgenden Fragen.

1. Wie alt war Sarah, als sie starb? ....

2. Wie viel hat Abraham den Hethitern für ein Feld östlich von Mamre bezahlt? ....

3. Wo hat Abraham Sarah begraben? ....

4. Welchen Eid hat der Diener Abraham geleistet? ....

5. Wie viele Kamele hat der Diener nach Mesopotamien gebracht? ....

6. Außerhalb welcher Stadt traf der Diener Rebekka? ....

7. Wer war Rebekkas Bruder? ....

8. Welche Geschenke gab der Diener Rebekka? ....

9. Wen hat Rebekka geheiratet, als sie im Negev ankam? ....

10. Wen hat Abraham als seine Frau genommen, nachdem Sarah gestorben war? ....

CHAJE SARA PROPHETEN LEKTÜRE

Lies 1 Könige 1,1-37.
Beantworte die folgenden Fragen.

1. Welche schöne junge Frau hat sich um den alten König David gekümmert? ....

2. Welcher Sohn Davids wollte König werden? ....

3. Neben welchem Stein opferte Adonija auch Schafe, Ochsen und Mastvieh? ....

4. Welche drei Männer hat Adonija nicht zum Opfer eingeladen? ....

5. Wer war Davids Frau? ....

6. Welchen Sohn wollte David zum König machen? ....

7. Wer erschien vor David und erzählte ihm, was Adonija getan hatte? ....

8. Wer waren die beiden Priester in dieser Geschichte? ....

9. Nenne zwei Brüder von Adonija? ....

10. Was war Nathans Job? ....

CHAJE SARA SARAH APOSTEL LEKTÜRE

Lies 1 Petrus 3,1-7, Hebräer 11,11-16 und
1 Korinther 15,50-57.
Beantworte die folgenden Fragen.

1. Wie erhielt Sarah die Kraft zur Empfängnis? ....

2. Wie viele Nachkommen hatte Abraham? (Hebräer 11,12) ....

3. Welche Art von Land wünschen sich die Gläubigen in Hebräer 11,16? ....

4. Was kann das Reich Gottes nicht erben? ....

5. Wann werden wir alle verändert werden in 1. Korinther 15,52? ....

6. Warum werden einige Ehemänner anfangen, an Gott zu glauben? (1. Petrus 3,1-2) ....

7. Wie kleiden sich heilige Frauen? ....

8. Wie hat sich Sarah in 1. Petrus 3,4-5 geschmückt? ....

9. Wie sollten Ehemänner mit ihren Frauen laut 1. Petrus 3,7 leben? ....

10. Wenn Ehemänner ihre Frauen ehren, was wird dann passieren, wenn sie beten? ....

CHAJE SARA

Lies 1. Mose 23,1-25,18. Finde und umkreise jedes der Wörter auf der untenstehenden Liste.

```
S N L J N K Y D V O P R U E H Y W C F O
U X R I L O K Z W K H D E O C Ö J Q T Y
N L M H E U W K A U Z Z D B F A H E H A
C K N Q E P P U S L T H E B E Q H L R B
Q S A F Q T Q G S I E E K E L K G Y E R
O C A N M M H F E C E M S E I F K F J A
B D H R A N B I R L C L N P B S N A R H
F J I Z A A G O T M N X S H H P G G J A
Y I B S X H N A M E K B N R F B E H D M
Q F L K A D X I J J R C N O D K S B S R
Q U Y I P A C Y T S A B Z N X C C T M T
P U S K N Z K N O E S O I S B Z H N R W
A D V T I R J C W I R M B C X M E L K E
G E V T R N K B L Q Q V G S T O N W M S
J G C X J Z X Y U Z W K X U O M K T G R
U P X V U S C H M U C K W Y N B E I T F
N V D I E N E R W D A Q A S R Y A I J G
X G H C D Y A W P N L T D K U Q S F C D
U Z B J J E L Z M A C H P L E A M P X F
L A B A N K A M E L K E T U R A K I A A
```

SARAH	EPHRON	LABAN	HÖHLE
KAMEL	HETHITER	GESCHENKE	ISAAK
ABRAHAM	KETURA	MACHPLEA	DIENER
KANAANITER	REBEKKA	SCHMUCK	WASSER

Chaje Sara

Wie würdest du Rebekkas Charakter beschreiben?

Dieser Thora-Teil lehrt mich…

Zeichne eine Karte, die Abrahams Diener hilft, den Weg nach Mesopotamien zu finden.

Zeichne einen Stammbaum mit Abraham, Sarah, Hagar, Ismael, Isaak und Rebekka.

EINE FRAU FÜR ISAAK

Öffne deine Bibel und lies 1. Mose 24.
Beantworte die Fragen. Male das Bild aus.

1. In welches Land ging der Diener, um eine Frau für Isaak zu finden? (Vers 10)

....
....
....
....

2. Wie viele Kamele hat der Diener mitgenommen? (Vers 10)

....
....
....
....

3. Wer war Isaaks Braut? (Vers 64)

....
....
....
....

CHAJE SARA

"Und Sarah wurde 127 Jahre alt; das sind die Lebensjahre Sarahs. Und Sarah starb in Kirjat-Arba, das ist Hebron, im Land Kanaan. Da ging Abraham hin, um zu klagen, um Sarah und sie zu beweinen."

1. Mose 23,1-2

Zeichne das hebräische Wort hier nach:

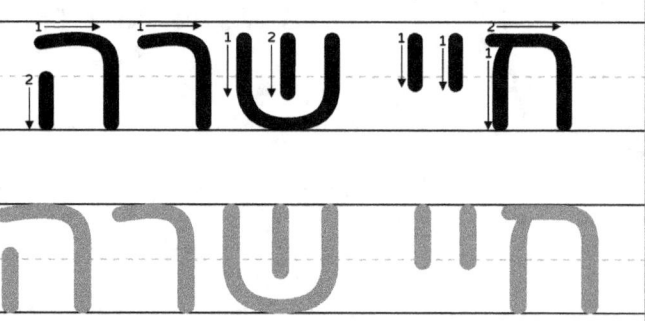

Schreibe das hebräische Wort hier:

www.biblepathwayadventures.com
Bereschit / 1. Mose Übungsbuch

50

© BPA Publishing Ltd 2020

WIR BESPRECHEN: CHAJE SARA

Öffne deine Bibel und lies die folgenden Bibelverse.
Diskutiere diese Fragen mit deiner Familie, deinen Freunden und Klassenkameraden.

1. Lies 1. Mose 23. Wie hat Abraham die Hethiter behandelt? Was sagt die Bibel, wie wir mit den herrschenden Behörden umgehen sollen?

2. Lies Sprüche 3,5-6. Dieses Sprichwort fordert uns auf, Jah von ganzem Herzen zu vertrauen und Ihn unsere Wege weisen zu lassen. Erkläre, wie Abrahams Diener dies tat, als er eine Frau für Isaak suchte.

3. Lies 1. Mose 24. Rebekka stimmte zu, mit dem Diener zurück nach Kanaan zu gehen. Vergleiche deinen Glauben mit Rebekka. Würdest du die gleiche Entscheidung treffen?

4. Lies Petrus 3,1-7. Wie hat Sarah Abraham behandelt? Was hast du über die Rolle eines Mannes und einer Frau gelernt?

5. Lies Hebräer 11,11-12. Was sagt es über Sarahs Glauben aus?

6. Lies 1. Mose 24. Welche Art von Person war Rebekka?

TOLEDOT THORA LEKTÜRE

Lies 1. Mose 25,19-28,9.
Beantworte die folgenden Fragen.

1. Wie alt war Isaak, als er Rebekka zur Frau nahm? ....

2. Wer waren Isaak und Rebekkas Zwillingssöhne? ....

3. Für welches Essen hat Esau sein Geburtsrecht verkauft? ....

4. Warum hat Jah zu Isaak gesagt, dass alle Nationen der Erde gesegnet werden? ....

5. Warum beneideten die Philister Isaak? ....

6. Worüber haben sich die Hirten von Gerar mit den Hirten von Isaak gestritten? ....

7. Welcher Sohn Isaaks erhielt den Segen in 1. Mose 27,27? ....

8. Welche Kleider trug dieser Sohn, um seinen Vater zu täuschen? ....

9. Warum ist Jakob nach Paddan-Aram geflohen und hat bei Laban gelebt? ....

10. Wen wollte Isaak Esau in 1. Mose 28,6 nicht heiraten lassen? ....

TOLEDOT PROPHETEN LEKTÜRE

Lies Maleachi 1,1-2,7.
Beantworte die folgenden Fragen.

1. Welchen Bruder hat Jah gehasst - Jakob oder Esau? ....

2. Welches Land wird Jah für immer als böse bezeichnen? ....

3. Von wem hat Jah gesagt, dass sie Seinen Namen verachten? ....

4. Welche Art von Nahrung und Tieren haben die Priester Jah geopfert? ....

5. "Mein _____ wird unter den Nationen gefürchtet werden." ....

6. Was hat Jah den Priestern gesagt, würde geschehen, wenn sie Seinen Namen nicht ehren würden? ....

7. Wie hat Jah Seinen Bund mit Levi beschrieben? ....

8. Wovon hat Levi viele Menschen abgehalten? ....

9. Was sollten die Lippen eines Priesters schützen? ....

10. Was sollten die Menschen von einem Priester erbitten? ....

TOLEDOT APOSTEL LEKTÜRE

Lies Römer 9,6-16, Hebräer 11,20 und 12,14-17.
Beantworte die folgenden Fragen.

1. Wodurch hat Isaak in Hebräer 11,20 zukünftige Segnungen für Jakob und Esau bekommen? ....

2. Jagd nach dem _____ mit jedermann. (Hebräer 12,14) ....

3. Was soll nicht wachsen und Unheil anrichten? ....

4. Wie wird Esau in Hebräer beschrieben? ....

5. Wofür hat Esau sein Geburtsrecht in Hebräer 12,16 verkauft? ....

6. Was geschah, als Esau den Segen erben wollte? ....

7. Nicht alle, die von _____ abstammen, sind Israel... (Römer 9,6) ....

8. Wen zählt Jah in Römer 9,8 zu den Nachkommen? ....

9. Wer war Abrahams Frau? ....

10. Denn Jah sagt zu Mose: "Wem ich _____ bin, dem bin ich gnädig..." (Römer 9,15) ....

TOLEDOT

Lies 1. Mose 25,19-28,9. Finde und umkreise jedes der Wörter auf der untenstehenden Liste.

```
E J B E I Q Q F I L D A N R Q V N N R H
R Z J I K T Q T I S E G E N X H N F L O
B R I J L Q Q W P O Y W N V G A L O A O
Q U U E S I V H H A J P D G V R S W B Q
A Q T P G B Y W V E T X I I P A Z I A T
R U L W H E S Q C S G T T G P N X K N S
J Y B Q X I N B V A C S N U G L X A J C
A D O D U D L H B U B P O A V D C N R H
K T P L Y Q M I A A M V F F P R T A U Ä
O M E O R M W P S U W R M N T Q R A E F
B V Q D C X Q T J T T I E U L B P N W E
F J X A G E R A R S E E C B Y O N I A R
H T Z L D P C Y O I C R N A E P Y T A U
Z S Z G K H V I I K X K Z V H K I E L T
L L S O M T O B Y F U F P K E L K R H O
A F S U I Z Y I C H Z F U E T Y E A E L
P E I N T O P F T T W J V Z A G I E R W
N J O D W T V S E C W A S S E R K C D C
W M A B I M E L E C H V V F X Q X U E Z
G E B U R T S R E C H T A V Q L R X T X
```

KANAANITER   **SEGEN**   **GERAR**   **SCHÄFER**
JAKOB   **EINTOPF**   **ZIEGENHAUT**   **HARAN**
HERDE   **ABIMELECH**   **REBEKKA**   **WASSER**
PHILISTER   **GEBURTSRECHT**   **LABAN**   **ESAU**

Toledot

Stell dir vor, du bist Esau. Was würdest du zu Jakob sagen, wenn du herausfindest, dass er deinen Segen gestohlen hat?

Wie würdest du Esaus Charakter beschreiben?

Wenn die Geschichte von Jakob und Esau ein Buch wäre, würde das Cover so aussehen…

Schreibe ein Rezept für Linseneintopf. Benutze deine Fantasie!

JAKOB FLIEHT NACH HARAN

Öffne deine Bibel und lies 1. Mose 28,1-6.
Beantworte die Fragen. Male das Bild aus.

1. Wen sollte Jakob laut Isaak nicht heiraten? (Vers 6)

....
....
....
....

2. Isaak und Rebekka haben Jakob gesagt, er soll wohin gehen? (Vers 5)

....
....
....
....

3. Welche Beziehung hatte Jakob zu Laban? (Vers 2)

....
....
....
....

⭐ TOLEDOT ⭐

"Dies ist die Geschichte Isaaks, des Sohnes Abrahams. Abraham zeugte Isaak.
Und Isaak war 40 Jahre alt, als er Rebekka zur Frau nahm,
die Tochter Bethuels, des Aramäers aus Paddan-Aram …"

1. Mose 25,19-20

Toledot

„Geschlechter"

תּוֹלְדֹת

Zeichne das hebräische Wort hier nach:

Schreibe das hebräische Wort hier:

WIR BESPRECHEN: TOLEDOT

Öffne deine Bibel und lies die folgenden Bibelverse.
Diskutiere diese Fragen mit deiner Familie, deinen Freunden und Klassenkameraden.

1. Lies 1. Mose 25,24-28,7. Vergleiche die Charaktere von Jakob und Esau. Warum glaubst du, dass Jah Jakob geliebt und Esau gehasst hat?

2. Lies 1. Mose 25,27,34 und Hebräer 12,16. Warum glaubst du, dass Esau sein Geburtsrecht so leicht verkauft hat? Wie viel Wert legte Esau darauf, mit Jah zu wandeln?

3. Lies 1. Mose 28,6 und 2. Korinther 6,14. Warum wollte Isaak nicht, dass Esau eine kanaanitische Frau heiratet? Warum sagt Jah, dass man sich nicht mit Ungläubigen zusammenschließen soll? Ist das ein kluger Rat?

4. Lies 1. Mose 27. Wem wollte Isaak den Segen geben? Wem wollte Rebekka den Segen geben?

5. Lies Maleachi 1,1-2,7. Zu dieser Zeit waren es viele Hebräer müde geworden, den Anweisungen Jahs und dem Pfad der Gerechtigkeit zu folgen. Wie können wir uns davon abhalten, dasselbe zu tun?

WAJEZE THORA LEKTÜRE

Lies 1. Mose 28,10-32,3.
Beantworte die folgenden Fragen.

1. Was tat Jakob, als er den Traum von der Leiter hatte? ....

2. Was war auf der Leiter? ....

3. Wie viele Jahre arbeitete Jakob für Rahel? ....

4. Wer war Jakobs erste Frau? ....

5. Wer war Leas erstgeborener Sohn? ....

6. Warum beneidet Rahel ihre Schwester Lea? ....

7. Warum beschloss Jakob, nach Kanaan zurückzukehren? ....

8. Wo versteckte Rahel die Hausgötter ihres Vaters? ....

9. Warum hat Laban Jakob nichts getan? ....

10. Welchen Namen gab Jakob dem Ort, an dem er die Engel Gottes traf? ....

WAJEZE PROPHETEN LEKTÜRE

Lies Hosea 12,12-14,9.
Beantworte die folgenden Fragen.

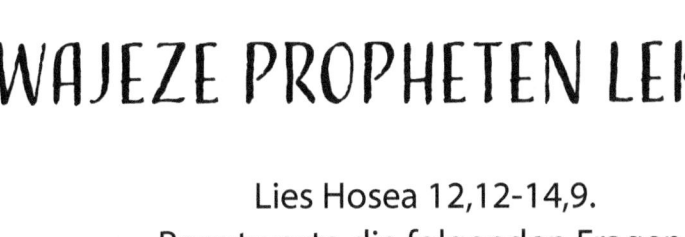

1. In welches Land ist Jakob geflohen? ....

2. Was hat Jakob in diesem Land getan? ....

3. Wie hat Jah Israel aus Ägypten geführt? ....

4. Wie kam es, dass Ephraim immer mehr sündigte? ....

5. "Außer mir gibt es keinen _____." (Hosea 13,4) ....

6. Mit welchem Tier hat Jah sich selbst verglichen? ....

7. "Ich will sie erlösen aus der Gewalt des _____..." (Hosea 13,14) ....

8. Was wird passieren, wenn Israel zu Jah zurückkehrt? (Hosea 14,4) ....

9. Mit welchem Baum hat Jah sich selbst verglichen? ....

10. Denn die Wege von Jah sind richtig und die _____ wandeln darauf. (Hosea 14,9) ....

WAJEZE APOSTEL LEKTÜRE

Lies Johannes 1,43-51, Markus 1,16-20 und Hebräer 8,6-8.
Beantworte die folgenden Fragen.

1. Philippus, Andreas und Petrus stammten aus welcher Stadt? ....

2. Was hat Philippus zu Nathanael gesagt? ....

3. "Siehe, wahrhaftig ein _____, in dem keine Falschheit ist!"

   (Johannes 1,47) ....

4. Nathanael sagte, dass Jeschua der König von wem sei? ....

5. Was hat Jeschua gesagt, wird Nathanael sehen? (Johannes 1,51) ....

6. An welchem See ist Jeschua entlang gegangen? (Markus 1,16) ....

7. Welchen Beruf hatten Simon, Jakobus und Johannes? ....

8. Was hat Jeschua zu Simon und Andreas gesagt? (Markus 1,17) ....

9. Wer war der Vater von Jakobus und Johannes? ....

10. Mit wem wird Jah einen neuen Bund schließen? (Hebräer 8,8) ....

WAJEZE

Lies 1. Mose 28,10-32,3. Finde und umkreise jedes der Wörter auf der untenstehenden Liste.

LEA	KINDER	SIEBEN JAHRE	RUBEN
JUDAS	ENGEL	LABAN	BUND
JAKOB	LEITER	TRAUM	RAHEL
KAMELE	STÄMME ISRAELS	KISSEN	SCHÄFER

Wajeze

Zeichne Jakobs Flucht zu Laban.

Wenn die Geschichte von Jakobs Leiter ein Buch wäre, würde das Cover so aussehen…

Welche der Stämme Israels wurden in diesem Thora-Teil erwähnt?

Wie würdest du Jakobs Charakter beschreiben?

JAKOBS HERDEN

Öffne deine Bibel und lies 1. Mose 30,25-43.
Beantworte die Fragen. Male das Bild aus.

1. Welche Art von Schafen und Ziegen nahm Jakob als Lohn? (Vers 32)

....
....
....
....

2. Welche Art von Schafen und Ziegen hat Laban aus seiner Herde entfernt? (Vers 35)

....
....
....
....

3. Wo hat Jakob die Ruten hingelegt? (Vers 38)

....
....
....
....

WAJEZE

"Jakob aber zog von Beerscheba aus und wanderte nach Haran. Und er kam an einen Ort, wo er über Nacht blieb; denn die Sonne war untergegangen. Und er nahm von den Steinen jenes Orts und legte sie unter sein Haupt und legte sich an dem Ort schlafen. Und er hatte einen Traum; und siehe, eine Leiter war auf die Erde gestellt, die reichte mit der Spitze bis an den Himmel…"

Genesis 28:10-12

Wajeze

„Und er zog aus"

וַיֵּצֵא

Zeichne das hebräische Wort hier nach:

Schreibe das hebräische Wort hier:

WIR BESPRECHEN: WAJEZE

Öffne deine Bibel und lies die folgenden Bibelverse.
Diskutiere diese Fragen mit deiner Familie, deinen Freunden und Klassenkameraden.

1. Lies 1. Mose 28,10-22 und Johannes 1,51. Was hat Jah versucht, Jakob in seiner Vision zu sagen? Glaubst du, dieser Traum hatte etwas mit Jeschua zu tun?

2. Lies 1. Mose 30,1-31,55. Ehrlichkeit, Geduld und Treue sind Früchte des Geistes. Wie hat Jah Laban benutzt, um Jakobs Charakter zu verbessern?

3. Lies Hosea 12,13-14,10. In diesem Abschnitt spricht Jah davon, dass die Israeliten andere Götter anbeten (geistlicher Ehebruch). Wie begehen wir heute geistlichen Ehebruch?

4. Lies Hosea 12,13-14,10. Jah bittet sein Volk (Israel), zu ihm und seinen Wegen zurückzukehren. Wie können wir das erreichen?

5. Lies 1. Mose 29-30, Epheser 2,12 und Offenbarung 21,12. Der Abschnitt in 1. Mose erwähnt die Söhne Jakobs, die die Zwölf Stämme Israels werden sollten. Wie bist du heute, als Nachfolger Jeschuas, ein Teil Israels?

WAJISCHLACH THORA LEKTÜRE

Lies 1. Mose 32,4-36,43.
Beantworte die folgenden Fragen.

1. Zu wem hat Jakob Boten geschickt? ....

2. Wie viele Männer hat Esau mitgebracht, um Jakob zu begegnen? ....

3. Welche Geschenke hat Jakob für Esau vorbereitet? ....

4. Welchen Teil von Jakobs Körper hat Jah während seines Kampfes mit Jakob berührt? ....

5. "Dein Name soll nicht mehr Jakob sein, sondern_____, denn du hast mit Gott und Menschen gekämpft und gewonnen." (1. Mose 32,28) ....

6. Wie nannte Jakob den Altar, den er bei Sichem baute? ....

7. Warum haben die Söhne Jakobs alle Männer getötet, die in der Stadt lebten? ....

8. Welchen Namen gab Jakob dem Ort, an dem Jah zu ihm sprach? ....

9. Wie ist Rahel gestorben? ....

10. Warum hat Esau seine Familie in das Hügelland von Seir geführt? ....

WAJISCHLACH PROPHETEN LEKTÜRE

Lies Hosea 11,7-12,12.
Beantworte die folgenden Fragen.

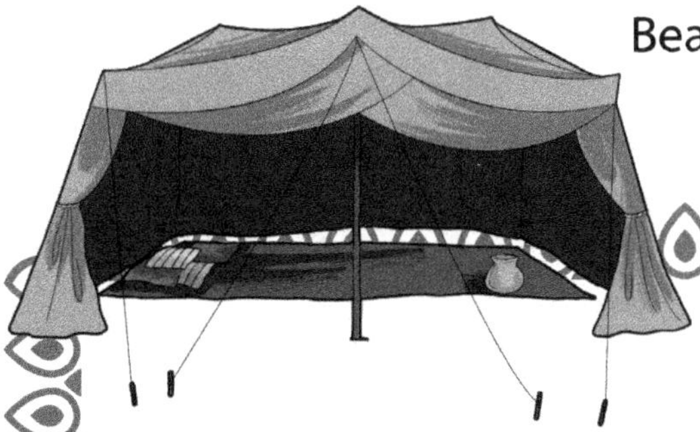

1. Mein _____ hält am Abfall von Mir fest. ....

2. Was wird warm und zart? ....

3. Wer wird wie ein Löwe brüllen? ....

4. Womit hat Ephraim Jah umgeben? ....

5. Wer wandelte noch mit Jah und war treu? ....

6. Wer hat einen Bund mit Assyrien geschlossen? ....

7. Wer hat mit einem Engel gerungen und gewonnen? ....

8. Wer hat seinen Bruder an der Ferse genommen, während er im Mutterleib war? ....

9. Wann wird Jah uns in Zelten wohnen lassen? ....

10. In welches Land ist Jakob geflohen? ....

WAJISCHLACH APOSTEL LEKTÜRE

Lies Matthäus 26,36-46, 1 Korinther 5,1-13 und Offenbarung 7,1-14.
Beantworte die folgenden Fragen.

1. In welchem Garten hat Jeschua gebetet? (Matthäus 26,36) ....

2. Welche drei Jünger hat Jeschua mitgenommen? ....

3. Was taten die Jünger, während Jeschua betete? ....

4. Was hat Jeschua gebetet? ....

5. "Siehe, die Stunde ist nahe, und der _____ wird in die Hände der Sünder ausgeliefert…" (Matthäus 26,45) ....

6. Was verdirbt den ganzen Teig? (1. Korinther 5,6) ....

7. Wer ist unser Passahlamm? ....

8. Mit wem sollten sich die korinthischen Gläubigen nicht verbinden? ....

9. Wie viele Engel standen an den vier Enden der Erde? (Offenbarung 7,1) ....

10. Wie viele Diener aus jedem Stamm Israels wurden versiegelt? (Offenbarung 7,4) ....

WAJISCHLACH

Lies 1. Mose 32,4-36,43. Finde und umkreise jedes der Wörter auf der untenstehenden Liste.

```
S S H A H R G I E K Y L F S M H S S K M
I K P R A B E T H E L W A R E K L L C Q
Z A L X E V C U K B H R B S R I U F B H
X M V E D R T J Y H E J E Z M A R A C B
W P C E W F R S U I R F S F R C H Y X X
F F E B H I Y F R H D U A B P K G E L B
Y X R X N G X Q G H E A U I X O K B L K
L L P A X O J A K O B H U Z T B E P Y N
J Z L X L M Q N J S C X O K O X E O Q T
P M J E N T T S I C H E M S F E C Q B J
N T F L O U A X W L V D Q L J C R G H G
I B Z P O X J R V T B C Z S O J J X S H
N B O T E J Z W J P X A Y Y L W A O W H
R E N F K S C A J Z N C F H P N G H Q R
X S F K H J K I W S R S H K L O E M D D
O B I G E U R D S P L L L G Z P B M S I
Z B E N J A M I N O L O T I H O U H E N
V F K J G O O F L S N M R W A Y R Z W A
E P K K J X K H Ü F T E C K D I T H I H
G E S C H E N K E I S R A E L G C M I G
```

BENJAMIN	HERDE	KAMPF	ISRAEL
BETHEL	ALTAR	GEBURT	SICHEM
SEIR	BOTE	DINAH	RAHEL
JAKOB	HÜFTE	GESCHENKE	ESAU

Wajischlach

Zeichne ein Bild, um die Geschichte von Jakobs Ringen mit dem Engel nachzuerzählen.

Dieser Thora-Teil lehrt mich...

Stell dir vor, du bist Esau. Was würdest du zu Jakob sagen, wenn du ihn wiedersiehst?

Male die Geschenke, die Jakob Esau gegeben hat.

JAKOB TRIFFT ESAU

Öffne deine Bibel und lies 1. Mose 32,3-21.
Beantworte die Fragen. Male das Bild aus.

1. Warum machte sich Jakob Sorgen, Esau zu begegnen? (Vers 6)

....
....
....
....

2. Welche Geschenke hat Jakob an Esau geschickt? (Verse 14-15)

....
....
....
....

3. Warum hat Jakob Geschenke an Esau geschickt? (Vers 20)

....
....
....
....

WAJISCHLACH

"Diesen gebot er und sprach: So sollt ihr zu meinem Herrn Esau sagen: So spricht dein Knecht Jakob: Ich bin bei Laban in der Fremde gewesen und habe mich bisher bei ihm aufgehalten und ich habe Rinder, Esel und Schafe, Knechte und Mägde erworben; und ich sende nun Boten, um es meinem Herrn zu berichten, damit ich Gnade finde vor deinen Augen!"

1. Mose 32,4-5

Wajischlach

„Und er schickte"

וַיִּשְׁלַח

Zeichne das hebräische Wort hier nach:	Schreibe das hebräische Wort hier:
וישלח	
וישלח	

WIR BESPRECHEN: WAJISCHLACH

Öffne deine Bibel und lies die folgenden Bibelverse.
Diskutiere diese Fragen mit deiner Familie, deinen Freunden und Klassenkameraden.

1. Lies 1. Mose 27,41-42 und 32,9-12. Warum hat Jakob zu Jah gebetet? Worüber hat er sich Sorgen gemacht? Was tust du, wenn du dich in einer schwierigen Situation befindest?

2. Lies 1. Mose 32,9-12. Was ist Gebet? War Jakob demütig, als er betete? Was können wir aus dem Gebet Jakobs lernen?

3. Lies 1. Mose 32,22-32 und Hosea 12, 3-4. Mit wem hat Jakob die ganze Nacht gerungen? Warum musste er die ganze Nacht ringen? Was kann uns dieses Ereignis über unseren Weg mit Elohim - Jeschua lehren?

4. Lies Sprüche 13,20 und 1 Korinther 5,9-11. Warum denkst du, dass es klug ist, sich nicht mit anderen Gläubigen an Jeschua zu verbünden, wenn sie sich der sexuellen Unmoral, Gier, Götzendienerei, Schwelgerei, Alkoholsucht oder Betrügerei schuldig gemacht haben?

5. Lies Hosea 11,7-12,12,12. Was sind die Sünden von Ephraim? Trifft eine dieser Sünden auf die Kirche oder auf dich zu? Wie sieht Jah dieses Verhalten?

WAJESCHEW THORA LEKTÜRE

Lies 1. Mose 37,1-40,23.
Beantworte die folgenden Fragen.

1. Wer war Josephs Vater? ....

2. Was war der erste Traum von Joseph? ....

3. Wie sind seine Brüder Joseph losgeworden? ....

4. Was ist mit den beiden Ehemännern von Tamar, Er und Onan, passiert? ....

5. Wer war Josephs Herr in Ägypten? ....

6. Warum hat Jah Potifars Haus gesegnet? ....

7. Warum wurde Joseph ins Gefängnis geworfen? ....

8. Wessen Träume hat Joseph im Gefängnis verstanden? ....

9. Wer war der König von Ägypten? ....

10. Was hat der König an seinem Geburtstag für den Mundschenk und den Bäcker getan? ....

WAJESCHEW PROPHETEN LEKTÜRE

Lies Amos 2,6-3,8.
Beantworte die folgenden Fragen..

1. Wofür verkaufen sie die Rechtschaffenen? ....

2. Wer hat die Amoriter vernichtet? ....

3. Jah hat die Israeliten aus welchem Land geholt? ....

4. Wie lange waren die Israeliten in der Wüste? ....

5. Zu was hat Jah ein paar Männer gemacht? ....

6. Zu was haben die Israeliten die Narisäer gezwungen? ....

7. Was haben die Israeliten zu den Propheten gesagt? ....

8. Gehen auch zwei _____ ohne dass sie übereingekommen sind? ....

9. Wem offenbart Jah Seine Geheimnisse? ....

10. Der _____ brüllt, wer sollte sich nicht fürchten? ....

WAJESCHEW APOSTEL LEKTÜRE

Lies Apostelgeschichte 7,9-16.
Beantworte die folgenden Fragen.

1. Warum haben die Patriarchen Joseph in die Sklaverei verkauft? ....

2. Wer hat Joseph vor seinen Leiden gerettet? ....

3. Was hatte Joseph vor dem Pharao? ....

4. Welche Aufgabe hat der Pharao Joseph gegeben? ....

5. Welche Katastrophe kam über Ägypten und Kanaan? ....

6. Warum hat Jakob seine Söhne nach Ägypten geschickt? ....

7. Bei welchem Besuch gab sich Joseph seinen Brüdern zu erkennen? ....

8. In welches Land zog Jakob? ....

9. An welchem Ort wurde Jakob begraben? ....

10. Von wem kaufte Abraham das Grab? ....

WAJESCHEW

Lies 1. Mose 37,1-40,23. Finde und umkreise jedes der Wörter auf der untenstehenden Liste.

```
Q M C B H S G M B E N T A K F P W J G E
K G E P O T I F A R G R T B X Z V U T C
C H E I L S T D Y W D Ä U Y Ä G G W W F
O G F F F C S Y K R K U D T G M V L E G
P F T F Ä E T N T T H M T Q Y Q U K I P
H F K V O N R B R U A E N O P Z M J Z H
V F G V G H G S Y W V T C Z T N J B E Q
K X V K D Y C N U A K I Z G E I X K N R
X P M A N T E L I C Q D I E N E R O S Y
I D M B J C F G Q S H J K Z D C Y M S W
F N S W E T A G S B X T V U T C E I E J
M V V X Z S J W D O K A J B G C T R Y O
C H L M G G T G X L N A K H G P M V H S
P Q D E T D O J T P M N N Q H B O A I E
K A V X N P V G Z Y H A E A C Y D G J P
Ö H M X U L J A X R N U Q O A E S D A H
N M X M U N D S C H E N K R D N B L K C
I B R U N N E N B B D I E P K B S N O I
G Z P K Q D T R I U W B R Ü D E R O B I
A H R Y B S A T Q X A Z D S L C Y R A V
```

MUNDSCHENK **BRÜDER** **KÖNIG** **KANAAN**
EIFERSUCHT **WEIZEN** **POTIFAR** **TRÄUME**
ÄGYPTEN **MANTEL** **GEFÄNGNIS** **BRUNNEN**
JAKOB **SONNE** **JOSEPH** **DIENER**

Wajeschew

Zeichne die beiden Träume Josephs.

Beschreibe den Charakter von Joseph.

Vervollständige diesen Satz: Nachdem Joseph in die Sklaverei verkauft worden war, wurde er...

Dieser Thora-Teil lehrt mich...

VERKAUFT IN DIE SKLAVEREI

Öffne deine Bibel und lies 1. Mose 37.
Beantworte die Fragen. Male das Bild aus.

1. Welches Kleidungsstück gab Jakob Joseph? (Vers 3)

....
....
....
....

2. Wer hat Joseph in die Sklaverei verkauft? (Vers 28)

....
....
....
....

3. In welches Land wurde Joseph von den Händlern gebracht? (Vers 28)

....
....
....
....

WAJESCHEW

"Jakob aber wohnte in dem Land, in dem sein Vater ein Fremdling war, im Land Kanaan. Dies ist die Geschichte Jakobs: Joseph war 17 Jahre alt, als er mit seinen Brüdern das Vieh hütete…"

1. Mose 37,1-2

Zeichne das hebräische Wort hier nach:

Schreibe das hebräische Wort hier:

WIR BESPRECHEN: WAJESCHEW

Öffne deine Bibel und lies die folgenden Bibelverse.
Diskutiere diese Fragen mit deiner Familie, deinen Freunden und Klassenkameraden.

1. Was war Josephs Job, bevor er in die Sklaverei verkauft wurde? Was war Jeschuas geistliche "Aufgabe"? (Johannes 10,14)

2. Die Brüder Josephs hassten ihn. Was war mit Jeschua? (1. Mose 37,4 und Johannes 1,11, 15,25)

3. Joseph sah sich in seinen Träumen als der Befreier Israels. Jeschua sah sich selbst als den Retter Israels. (1. Mose 37,5-11 und Johannes 6,35, 8,12)

4. Die Brüder Josephs verkauften ihn für Schekel aus Silber. Judas verriet Jeschua um Silber. (1. Mose 37,28 und Matthäus 26,15)

5. Joseph wurde nach Ägypten gebracht, um nicht getötet zu werden, während Jeschua nach Ägypten gebracht wurde, um "Herodes den Großen" zu vermeiden. (1. Mose 37,28 und Matthäus 2,13-14)

6. Josephs Tunika und Jeschuas Gewand waren beide mit Blut bedeckt. (1. Mose 37,31, Markus 15,17-20 und Offenbarung 19,13)

7. Die Brüder Josephs aßen eine Mahlzeit, während er in der Grube war. Israel aß das Passah-Mahl, während Jeschua im Grab war. (1. Mose 37,25 und Johannes 13,1)

8. Joseph wurde zusammen mit zwei weiteren Verbrechern inhaftiert. Jeschua wurde neben zwei Verbrechern gekreuzigt. (1. Mose 40,2-3 und Johannes 19,18)

MIKEZ THORA LEKTÜRE

Lies 1. Mose 41,1-44,17.
Beantworte die folgenden Fragen.

1. Was hat Joseph für den Pharao getan? ....

2. Welchen neuen Namen gab der Pharao Joseph? ....

3. Welchen neuen Job hat der Pharao Joseph gegeben? ....

4. Wie hießen die beiden Söhne Josephs? ....

5. Was hat Joseph in den sieben Jahren des Überflusses getan? ....

6. Warum hat Jakob seine Söhne nach Ägypten geschickt? ....

7. Welchen Bruder behielt Joseph als seinen Gefangenen, während die anderen Brüder nach Hause zurückkehrten? ....

8. Welchen Bruder sollten Josephs Brüder mit nach Ägypten bringen? ....

9. Warum haben die Ägypter während des Essens an einem anderen Tisch gegessen? ....

10. Was hat Joseph seinem Diener gesagt, soll er in Benjamins Sack verstecken? ....

MIKEZ PROPHETEN LEKTÜRE

Lies 1. Könige 3,15-4,1.
Beantworte die folgenden Fragen.

1. Was tat Salomo, nachdem er aus seinem Traum erwachte? ....

2. Was für Opfer machte Salomo? ....

3. Für wen hat Salomo ein Fest veranstaltet? ....

4. Wer kam und stand vor Salomo? ....

5. Wie ist der Sohn der Frau gestorben? ....

6. Worüber haben sich die beiden Frauen gestritten? ....

7. Wie hat Salomo auf die Frauen in 1. Könige 3,24 reagiert? ....

8. Was war Salomos erste Lösung für dieses Problem? ....

9. Was war Salomos endgültige Lösung für dieses Problem? ....

10. Warum standen die Israeliten in Ehrfurcht vor Salomo? ....

MIKEZ APOSTEL LEKTÜRE

Lies Matthäus 7,2 und Apostelgeschichte 7,9-16.
Beantworte die folgenden Fragen.

1. Wie werden wir nach Matthäus 7,2 beurteilt werden? ....

2. Warum haben die Patriarchen Joseph nach Ägypten verkauft? ....

3. Wer hat Joseph aus seinen Schwierigkeiten gerettet? ....

4. Was hat Jah Joseph vor dem Pharao gegeben? ....

5. Wer war der König von Ägypten? ....

6. Welche Naturkatastrophe ereignete sich in den Ländern Ägypten und Kanaan? ....

7. Warum hat Jakob seine Söhne nach Ägypten geschickt? ....

8. Wie oft haben die Brüder Ägypten besucht? ....

9. Bei welchem Besuch erzählte Joseph seinen Brüdern, wer er war? ....

10. In welchem Land ist Jakob gestorben? ....

MIKEZ

Lies 1. Mose 41,1-44,17. Finde und umkreise jedes der Wörter auf der untenstehenden Liste.

```
T D V L O C H K U N D B D J U P M Y T Y
P O W M B Y K Q Q J L V S W Y F Z J R T
S K O Q G E D U I I R A Z K V O K J A A
L W S L B Z N I Y J Y V I B Y B O Q U N
T O S I Q A J J E Z Y O P T R I R F M F
G K T C L C U J A N X M W V R K N P M J
E C C Z I B T D V M E Q C B P C L D Q L
L G G D P U E Ü S M I R H S H P O E C G
D J X C R J O R U X S N P I E C R V S Q
B F A D L Z B R B O B F Y M B Q E Z I T
Z A C V N K K E K E C X K E R N U K C T
P H A R A O J Q W T C X C O Ä A O U Q E
K I J M V Z U G R C P H Z N E D O G P S
I D X O L R D U U X S D E J R O M I F E
F Q U G S B A X Q J E J R R J B Q T V L
H A V B I E F U Y W R U W H S V E A Y F
I A L S C A P U S P N C A T V X V S X Y
N D W S U F H H Y Ä G Y P T E N J U K I
C Q I I U V E F K R V K F K Ü H E T G K
A G S A C K E Z Z G H I O M X J Q T G E
```

JUDA	ÄGYPTEN	KÜHE	PHARAO
BENJAMIN	SILBERBECHER	HEBRÄER	SACK
DÜRRE	SIMEON	GELD	DIENER
KORN	JOSEPH	TRAUM	ESEL

Mikez

Zeichne eine Karte von Ägypten und Kanaan. Male die Reise der Brüder mit rotem Stift auf die Karte.

Beschreibe wie dir schon einmal etwas vorgeworfen wurde, was du nicht getan hast.

Wenn Joseph und der Silberbecher ein Film wären, würde das Filmposter dazu aussehen...

Dieser Thora-Teil lehrt mich...

PHARAO UND JOSEPH

Öffne deine Bibel und lies 1. Mose 41.
Beantworte die Fragen. Male das Bild aus.

1. Welche zwei Schmuckstücke gab der Pharao Joseph? (Vers 42)

....
....
....
....

2. Was gab der Pharao Joseph zum Mitfahren? (Vers 43)

....
....
....
....

3. Wie alt war Joseph, als er der Statthalter von Ägypten wurde? (Vers 46)

....
....
....
....

MIKEZ

"Es geschah aber nach zwei Jahren, da hatte der Pharao einen Traum, und siehe, er stand am Nil. Und siehe, aus dem Nil stiegen sieben schöne und wohlgenährte Kühe herauf, die im Nilgras weideten. Und siehe, nach diesen stiegen sieben andere Kühe aus dem Nil herauf..."

1. Mose 41,1-3

Mikez

„Am Ende"

מִקֵּץ

Zeichne das hebräische Wort hier nach:

Schreibe das hebräische Wort hier:

WIR BESPRECHEN: MIKEZ

Öffne deine Bibel und lies die folgenden Bibelverse.
Diskutiere diese Fragen mit deiner Familie, deinen Freunden und Klassenkameraden..

1. Lies 1. Mose 41. Das Timing von Jah ist perfekt. Glaubst du das? Wenn ja, gib Beispiele dafür, wo dies in deinem Leben geschehen ist.

2. Lies 1. Mose 41-44. Obwohl Joseph vor vielen Prüfungen stand, blieb er Jah treu. Was sagt das über Josephs Charakter aus? Wie bleibt man treu, wenn man sich Prüfungen und Tests stellt?

3. Lies 1. Mose 41-44 und Psalm 37,1-40. Hat Jah in dieser Zeit Joseph verlassen? Was lehrt uns das über das Leben der rechtschaffenen Menschen?

4. Vergleiche das Leben Josephs und das Leben Jeschuas. Welche Ähnlichkeiten siehst du in diesem Thora-Teil?

5. Lies 1. Mose 43. Warum wollte Joseph wohl seine Brüder testen, bevor er ihnen sagte, wer er ist?

WAJIGASCH THORA LEKTÜRE

Lies 1. Mose 44,18-47,27.
Beantworte die folgenden Fragen.

1. Welcher Bruder bot sich an, Josephs Diener zu sein? ....

2. Wie reagierten die Brüder Josephs, als er ihnen sagte, wer er sei? ....

3. Wer hat Joseph zum Herrscher über das Land Ägypten gemacht? ....

4. Was sagte der Pharao, würde er den Brüdern Josephs geben? ....

5. Was gab Joseph Benjamin für die Reise zurück nach Kanaan mit? ....

6. Was hat Jah Jakob (Israel) auf der Reise nach Ägypten erzählt? ....

7. In welchem Land hat sich die Familie Josephs niedergelassen? ....

8. Warum haben die Brüder Josephs dem Pharao gesagt, dass sie Hirten sind? ....

9. Was gab Joseph den Ägyptern im Austausch für ihr Vieh? ....

10. Was hat Joseph den Ägyptern zur Erntezeit gesagt, was sie dem Pharao geben sollen? ....

WAJIGASCH PROPHETEN LEKTÜRE

Lies Hesekiel 37,15-28.
Beantworte die folgenden Fragen.

1. Was hat Jah gesagt, soll Hesekiel (Menschensohn) auf den ersten Stab schreiben? ....

2. Welche beiden Stäbe werden sich verbinden? ....

3. Wo lebt das Volk Israel heute? (Hesekiel 37,21). ....

4. Wer wird über das vereinte Haus Israel regieren? ....

5. "Ich will ihr Gott sein, und sie sollen mein _____ sein." ....

6. Wessen Regeln soll das vereinte Haus Israel befolgen? ....

7. In welchem Land wird das Haus Israel leben? ....

8. Welche Art von Bund wird Jah mit dem Haus Israel schließen? ....

9. "Mein _____ wird in Ewigkeit in ihrer Mitte sein." ....

10. Wer wird als König über die Israeliten herrschen? ....

WAJIGASCH APOSTEL LEKTÜRE

Lies Matthäus 10,6-8, 34, Römer 9,1-19, 11,13-24
und Epheser 2,11-22.
Beantworte die folgenden Fragen.

1. Zu wem sollten die Jünger von Jeschua gehen und das Evangelium weitergeben? (Matthäus 10,6) ....

2. "Ihr sollt nicht meinen, dass ich gekommen sei, _____ auf die Erde zu bringen." (Matthäus 10,34) ....

3. Wie beschreibt Paulus seine Verwandten in Römer 9,4? ....

4. Durch wen werden deine Nachkommen in Römer 9,7 berufen werden? ....

5. So steht es geschrieben: "Jakob habe ich geliebt, _____ aber habe ich gehasst." ....

6. Was hat Jah Mose laut Römer 9,15 gesagt? ....

7. Wem war Paulus ein Apostel? ....

8. „Du als ein wilder Ölzweig unter sie _____ bist und mit Anteil bekommen hast an der Wurzel und der Fettigkeit des Ölbaums..." (Römer 11,17) ....

9. Wer war vor Jeschuas Tod aus der Bürgerschaft Israels ausgeschlossen worden? (Epheser 2,12) ....

10. Wer ist der Eckstein in Epheser 2,20? ....

WAJIGASCH

Lies 1. Mose 44,18-47,27. Finde und umkreise jedes der Wörter auf der untenstehenden Liste.

```
S Z X U K I M E B F Y T Y V Y F S Q N J
D H E R R S C H E R B J X Z I D I U W A
I U Z Z B Q P P Y Q E O B K V F G A M K
E O Y F R H Z Q T C E S J V A I J A O O
N Q J A H W E I I V R E I L X U E V P B
E W Y I D O K C G K S P G Q H C L H X U
R I X M R X Z X U T H H H M U E R A C T
F B O Q G E J S T R E I T D G F I R P Ä
J N L E H V V F X S B P W K Z C T C B G
R A D Q Z O L F H L A Y S A W A K E E Y
N J N K D Ä G Y P T E N F N T R R Z S P
H V D C O W F C T Z Y W S A A E U M C T
G J A X P I E K H H E P J A T E A F H E
S R F U C L G R I P P R O N V J D C Ä R
F M T E R I K V C K O W O O Z S J O F L
Y W Y V P P H A R A O Q A U O H Q V E Q
K J K L E I D U N G X A N G O B N E R J
Y J K Z P B G J C Z J R N T E B R S I L
B H Z G O S C H E N Q A J N C N V O K F
C G O L R Z P R O S G C I D S O N B H I
```

WAGEN	HERRSCHER	VIEH	SCHÄFER
GOSCHEN	JAKOB	JOSEPH	KLEIDUNG
ÄGYPTEN	BEERSHEBA	JAHWE	ÄGYPTER
STREIT	PHARAO	KANAAN	DIENER

Wajigasch

Zeichne eine Karte von Ägypten. Denke dran, das Land Goschen mit einzuzeichnen.

Stell dir vor, du bist Josephs Bruder. Wenn du plötzlich entdeckst, dass er Herrscher über Ägypten ist, wie würde sich dein Leben ändern?

Dieser Thora-Teil lehrt mich...

Entwerfe einen ägyptischen Wagen für Joseph. Benutze deine Fantasie!

JOSEPH UND SEINE BRÜDER

Öffne deine Bibel und lies 1. Mose 45.
Beantworte die Fragen. Male das Bild aus.

1. Warum war Joseph nicht wütend auf seine Brüder? (Vers 5)

....
....
....
....

2. Wo in Ägypten sagte Joseph seinen Brüdern, dass sie leben könnten? (Vers 10)

....
....
....
....

3. Was gab Joseph seinen Brüdern für die Reise nach Kanaan mit? (Verse 21 & 22)

....
....
....
....

✦ WAJIGASCH ✦

"Da trat Juda näher zu ihm hinzu und sprach: Bitte, mein Herr, lass deinen Knecht ein Wort reden vor den Ohren meines Herrn, und dein Zorn entbrenne nicht über deine Knechte; denn du bist wie der Pharao!"

1. Mose 44,18

Wajigasch

„Und er trat heran"

וַיִּגַּשׁ

Zeichne das hebräische Wort hier nach:	Schreibe das hebräische Wort hier:
וַיִּגַּשׁ וַיִּגַּשׁ	

WIR BESPRECHEN: WAJIGASCH

Öffne deine Bibel und lies die folgenden Bibelverse.
Diskutiere diese Fragen mit deiner Familie, deinen Freunden und Klassenkameraden.

1. Lies 1. Mose 45,4-15. Warum war Joseph nicht wütend auf seine Brüder, weil sie ihn in die Sklaverei verkauft hatten?

2. Lies 1. Mose 45,16-21. Warum glaubst du, hat der Pharao der Familie Josephs solche Gunst erwiesen?

3. Lies 1. Mose 46. Kannst du die zwölf Stämme Israels nennen?

4. Lies Matthäus 10,1-10. Zu wem hat Jeschua seine Jünger gesandt, um das Evangelium zu predigen? Wer sind die verlorenen Schafe des Hauses Israel? Wo leben sie heute?

5. Lies Matthäus 10,34-35. Was glaubst du, was Jeschua meinte, als er sagte, dass er nicht gekommen ist, um der Erde Frieden zu bringen, sondern ein Schwert?

6. Lies 1. Mose 47,13-22. Wie kam Joseph dazu, den größten Teil des Landes der Ägypter zu besitzen?

WAJECHI THORA LEKTÜRE

Lies 1. Mose 47,28-50,26.
Beantworte die folgenden Fragen.

1. Wie alt war Jakob, als er starb? ....

2. Wer war der erstgeborene Sohn Josephs? ....

3. Auf wessen Kopf legte Jakob seine rechte Hand? ....

4. Wessen Waffen sind Schwerter? ....

5. Was soll Juda nicht verlassen? ....

6. Welcher Stamm Israels wird am Ufer des Meeres wohnen? ....

7. Welcher Stamm Israels soll wie starke Esel sein? ....

8. Wie viele Tage weinten die Ägypter um Jakob? ....

9. Wo wurde Jakob begraben? ....

10. Warum machten sich die Brüder Josephs, nachdem Jakob gestorben war, Sorgen? ....

WAJECHI PROPHETEN LEKTÜRE

Lies 1 Könige 2,1-12.
Beantworte die folgenden Fragen.

1. Wessen Gebote hat David Salomo befohlen, zu befolgen? ....

2. Was wird passieren, wenn Salomo den Anweisungen Jahs folgt? ....

3. Wer hat Abner und Amasa getötet? ....

4. Wem sollte Salomo Güte erweisen? ....

5. Simei gehörte zu welchem Stamm Israels? ....

6. Was hat Simei mit König David gemacht? ....

7. Wo traf König David Simei? ....

8. Wo wurde König David begraben? ....

9. Wie lange hat David als König über Israel regiert? ....

10. Wer wurde König, nachdem David gestorben war? ....

WAJECHI APOSTEL LEKTÜRE

Lies 1 Petrus 2,4-10, Lukas 1,23-33, Hebräer 11,21-22 und Offenbarung 5,5. Beantworte die folgenden Fragen.

1. Wer hat Maria in Lukas 1,26 besucht? ....

2. Welchen Namen hat der Engel Maria in Lukas 1,31 gesagt, soll sie ihrem Sohn geben? ....

3. Wer wird in Lukas 1,33 für immer über das Haus Israel herrschen? ....

4. Was hat Jakob aus Glauben getan, während er im Sterben lag? ....

5. Wie hat Jakob gebetet? ....

6. Was tat Joseph im Glauben, als sein Ende nahe war? ....

7. Ich lege in Zion einen auserwählten und kostbaren _____. (1. Petrus 2,6) ....

8. Sie stolpern, weil sie dem _____ nicht gehorchen. (1. Petrus 2,8) ....

9. Wer kann die Schriftrolle und sieben Siegel öffnen? ....

10. Die Wurzel von _____. (Offenbarung 5,5) ....

WAJECHI

Lies 1. Mose 47,28-50,26. Finde und umkreise jedes der Wörter auf der untenstehenden Liste.

```
X O A M I L N D Z O L L T O B C S I Z U
E S U E E L F J A G F U Z M E T Q Y A T
E P H R A I M D O N X V F W N U P N P I
I Y K W F L F T N S V A V G J Y N K R U
R A Q X P W H V U F E D Y R A O J C U L
I Q S O X O Z K J B Y P W Z M M K R L O
P C I Y X U W O T V Q Y H I I P W U J H
Q F I N A F T A L I S F W S N A Q B V S
K C F G Q C K Q H Y U Y Q S G S J E U M
G I G B E Q I L R O O H Y A N Ä T N T I
P M U H O S P Z E C J E S C C G P Q Y N
C M B V C B I I O V V T J H E Y X N A J
T Z M A N A S S E G I U N A E P L F S U
S I M E O N W C L E U P B R B T N A S D
X Y V E D W G H N E N U M W B E Q G E A
A I Z A I E A P V E J E S D D N M M R D
W O C E A P D A T N L Y N Q R Z Q Z B S
N L F M N B Y U T Q G T Z I J A K O B P
D Q P R O B H L X G F E K Y R K C L F P
S E B U L O N N J O P P P P Q W W Q L T
```

GAD	ISSACHAR	EPHRAIM	RUBEN
JAKOB	SIMEON	ASSER	JUDA
ÄGYPTEN	MANASSE	LEVI	NAFTALI
DAN	JOSEPH	SEBULON	BENJAMIN

Wajechi

Wie würdest du den Charakter Josephs in I. Mose 50 beschreiben?

Entwerfe ein Banner für einen der Stämme Israels.

Dieser Thora-Teil lehrt mich...

Zeichne den Brustpanzer des Hohepriesters.

ZWÖLF STÄMME ISRAELS

Jakob (Israel) segnete seine zwölf Söhne, bevor er starb. Lies 1. Mose 49.
Schreibe die Zwölf Stämme Israels auf. Male das Bild aus.

1. ....
2. ....
3. ....
4. ....
5. ....
6. ....
7. ....
8. ....
9. ....
10. ....
11. ....
12. ....

✬ WAJECHI ✬

"Und Jakob lebte noch 17 Jahre im Land Ägypten, und die Tage Jakobs, die Jahre seines Lebens, betrugen 147 Jahre. Als nun die Zeit kam, dass Israel sterben sollte, rief er seinen Sohn Joseph und sprach zu ihm: Wenn ich Gnade gefunden habe vor deinen Augen, so lege doch deine Hand unter meine Hüfte und erweise mir Liebe und Treue: Begrabe mich doch ja nicht in Ägypten!"

1. Mose 47,28-29

Wajechi

„Und er lebte"

וַיְחִי

Zeichne das hebräische Wort hier nach:	Schreibe das hebräische Wort hier:
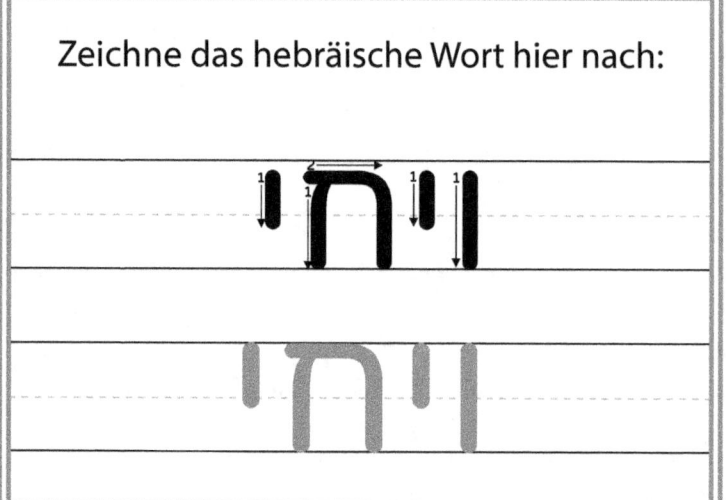	

www.biblepathwayadventures.com
Bereschit / 1. Mose Übungsbuch

106

© BPA Publishing Ltd 2020

WIR BESPRECHEN: WAJECHI

Öffne deine Bibel und lies die folgenden Bibelverse.
Diskutiere diese Fragen mit deiner Familie, deinen Freunden und Klassenkameraden.

1. Lies 1. Mose 49, Matthäus 10,6; 15,24. Die zwölf Stämme Israels sind ein wichtiges Thema in der gesamten Bibel. Hat Jeschua seine Jünger angewiesen, sich auf die Stämme Israels zu konzentrieren?

2. Lies 1. Mose 48,14-16. Wer ist Israel nach Jakobus? Ist das heute dasselbe?

3. Lies 1. Mose 48,14-16. Als Jakob seine Hände auf Ephraim und Manasse legte, verschränkte er seine Arme. Erforsche dieses Zeichen und warum es wichtig war.

4. Lies 1 Könige 2,1-12. Warum ist es wichtig, dass wir der Thora folgen? Was passiert, wenn wir treu sind und dies tun?

5. Lies Lukas 1,31. Recherchiere den Namen "Jeschua". Kannst du erklären, was sein Name bedeutet?

6. Lies 1. Mose 50,25. Joseph bat seine Brüder (oder ihre Nachkommen), seine Gebeine mitzunehmen, als sie Ägypten (beim Exodus) verließen. Wo steht in der Bibel, dass sie diese Verheißung erfüllt haben?

ANTWORTEN

Bereschit Thora Lektüre
1. Am sechsten Tag
2. Er ruhte sich aus
3. Euphrat
4. Adam
5. Eva
6. Kains Opfer
7. Sein Bruder Kain
8. Nod (östlich von Eden)
9. Adam wurde 930 Jahre alt
10. Noah

Bereschit Propheten Lektüre
1. Jah
2. Sela
3. Mächtig
4. Dunkelheit
5. Sein Gesetz (Thora)
6. Volk Israel
7. Wasser
8. Jah unser Elohim
9. Ägypten
10. Nein - nicht vor Jah oder danach (Jesaja 43,10)

Bereschit Apostel Lektüre
1. Vereint
2. Mann, Frau
3. Das Wort
4. Zeugnis über das Licht abzulegen (um den Menschen von Jeschua zu erzählen)
5. Das Wort (Jeschua)
6. Mose
7. Jeschua der Messias
8. Niemand
9. Durch einen Mann
10. Sünde (aber sie zählt nicht, wenn es keine Thora gibt)

Kain & Abel
1. Erstgeborene aus seiner Herde und ihren Fettanteilen
2. Kain
3. In das Land Nod, östlich von Eden. Nod bedeutet flüchtig/umherschweifend

Noach Thora Lektüre
1. Shem, Ham und Japheth.
2. Sieben Paare
3. 600 Jahre alt
4. Auf dem Gebirge Ararat
5. Ein Regenbogen
6. Bis in den Himmel
7. Er verwirrte ihre Sprachen
8. In das Land Sinear
9. Jah verstreute die Menschen über die ganze Erde
10. Abram, Nahor und Haran.

Noach Propheten Lektüre
1. Rechten und linken
2. Der Schöpfer
3. Jah
4. Barmherzigkeit
5. Jahs Liebe
6. Jah, Frieden
7. Streitigkeiten
8. Gewässer
9. Unsere Seelen leben
10. Einen Zeugen, einen Fürsten und Gebieter für die Völker

Noach Apostel Lektüre
1. Der Vater
2. Vor der Sintflut (In den Tagen Noahs)
3. Einer wird genommen und der andere bleibt übrig
4. Er hätte nicht zugelassen, dass in sein Haus eingebrochen worden wäre
5. So sind wir bereit, wenn Jeschua zurückkehrt
6. Zu einer Stunde, die wir nicht erwarten
7. Damit Er uns zu Jah bringen kann (uns wieder zu Jah zurückbringt)
8. Acht Personen
9. Zur rechten Hand von Jah
10. Engel und Mächte und Gewalten

Rein und unrein
1. Sieben
2. Eines
3. 600 Jahre alt

Lech-Lecha Thora Lektüre
1. 75 Jahre alt
2. Sarah (Sarai)
3. Ägypten
4. Weil der Phrarao Sarah in sein Haus geholt hatte, um sie zu seiner Frau zu nehmen
5. Jordantal
6. Er kämpfte, um ihn zu retten.
7. Abraham brachte Melchisedek Brot und Wein und den 10. Teil seiner Beute
8. Das Land vom Fluss Ägypten bis zum großen Fluss Euphrat. Das Land der Keniter, der Kenisiter, der Kadmoniter, der Hetiter, der Pheresiter, der Rephaiter, der Amoriter, der Kanaaniter, der Girgasiter und der Jebusiter (1. Mose 15, 18-21)
9. Ismael
10. Einen Sohn namens Isaak

Lech-Lecha Propheten Lektüre
1. Jah unser Elohim
2. Ein ewiger Gott
3. Matt
4. Sie bekommen neue Kraft
5. Er gibt die Völker hin und unterwirft Könige
6. Erste
7. Als seinen Knecht, Jakob der Auserwählte, Same (Erbe) seines Freundes Abrahams (auserwählt und nicht verworfen nach V. 9)
8. Abraham
9. Jah
10. Der Heilige Israels

Lech-Lecha Apostel Lektüre
1. Verlasse dein Land und dein Volk und gehe in das Land, das ich dir zeigen werde
2. Beschneidungsbund
3. Zwölf Stämme Israels (zwölf Patriarchen)
4. Gerechtigkeit
5. Gerechtigkeit des Glaubens
6. Übertretung
7. Salem
8. Ein Zehntel von allem, was er besaß. Zu dem brachte er ihm Brot und Wein
9. Aus dem Stamm Levi
10. Zum Stamm Juda

Der Pharao
1. Ägypten
2. Im Haus des Pharaos
3. Mit großen Plagen

Wajera Thora Lektüre
1. Drei Männer
2. Sarah (Sarai)
3. Zwei
4. Feuer und Schwefel (Schwefel) aus dem Himmel
5. Sie wurde in eine Salzsäule verwandelt
6. Schafe, Ochsen, männliche und weibliche Bedienstete
7. 100 Jahre alt
8. Die Wildnis von Paran
9. Beersheba
10. Um Isaak als Brandopfer anzubieten

Wajera Propheten Lektüre
1. Weil ein Mann gekommen war, um ihre beiden Jungen zu holen und sie zu Sklaven zu machen
2. Einen Krug mit Öl
3. "Gehe hin und bitte draußen von allen deinen Nachbarinnen leere Gefäße, und derselben nicht wenig, und gehe hinein und schließe die Tür zu hinter dir und deinen Söhnen und gieß in alle Gefäße; und wenn du sie gefüllt hast, so gib sie hin."
4. In Schunem
5. Gehazi
6. Sie wird einen Sohn bekommen
7. Ihr Sohn ist gestorben
8. Zum Berg Karmel
9. Es war kein Sabbat oder Neumond
10. Elisa legte sich auf das Kind und legte seinen Mund auf des Kindes Mund und seine Augen auf seine Augen und seine Hände auf seine Hände; und breitete sich also über ihn, daß des Kindes Leib warm ward. Dann wandte sich Elisa ab und ging durch den Raum, ging zurück und legte sich auf das Kind, bis das Kind siebenmal nieste und seine Augen öffnete

Wajera Apostel Lektüre
1. Zwei Söhne: Isaak und Ismael
2. Arabien
3. Hagar
4. Sarah
5. Jerusalem
6. Verheißung
7. Freien
8. Glaube
9. Werke
10. Gott, Gerechtigkeit.

Opfer des Isaaks
1. In das Land Morija
2. Ein Altar
3. Ein Widder

Chaje Sara Thora Lektüre
1. 127 Jahre alt
2. Vierhundert Schekel Silber.
3. In der Höhle des Feldes von Machpela
4. Keine Frau von den Töchtern der Kanaaniter für Abrahams Sohn Isaak zu nehmen unter denen sie wohnen, sondern, dass er in das Vaterland und zur Verwandtschaft Abrahams zieht und dort für Isaak eine Frau nimmt
5. Zehn Kamele
6. Außerhalb der Stadt Nahors
7. Laban
8. Ein Goldring, zwei Armbänder, Gold- und Silberschmuck und Kleidungsstücke
9. Isaak, Sohn von Abraham
10. Ketura

Chaje Sara Propheten Lektüre
1. Abischag die Schunamitin
2. Adonija, Sohn der Haggit
3. Schlangenstein
4. Nathan, den Prophet, Salomo und Benaja
5. Bathseba
6. Salomo
7. Bathseba und Nathan, der Prophet
8. Zadok und Abjatar
9. Salomo und Absalom
10. Nathan war ein Prophet

Chaje Sara Apostel Lektüre
1. Durch den Glauben
2. "...so zahlreich wie die Sterne des Himmels und wie der Sand am Ufer des Meeres, der nicht zu zählen ist."
3. Ein himmlisches Land
4. Fleisch und Blut
5. Bei der letzten Posaune
6. Indem sie das respektvolle und reine Verhalten ihrer Frauen sehen
7. Mit einem sanften und stillen Geist, der, wie Jah sagt, kostbar ist
8. Indem sie sich ihrem Mann, Abraham, unterwirft
9. Auf verständnisvolle Weise, indem man der Frau Ehre erweist
10. Ihre Gebete werden nicht verhindert

Eine Frau für Isaak
1. Mesopotamien
2. Zehn
3. Rebekka

Toledot Thora Lektüre
1. Vierzig Jahre alt
2. Jakob und Esau
3. Eine Schüssel mit Linseneintopf
4. Weil Abraham Jah gehorchte und seine Anweisungen und Regeln einhielt
5. Weil Isaak sehr wohlhabend war - er hatte viele Diener und Tiere und Herden
6. Ein Brunnen mit Quellwasser
7. Jakob
8. Ziegenhäute und die Kleidung seines Bruders Esau
9. Jakob hatte Angst, dass Esau ihn töten könnte.
10. Eine kanaanitische Frau

Toledot Propheten Lektüre
1. Esau
2. Edom
3. Priester
4. Verunreinigtes Brot und blinde Tiere
5. Name
6. Jah würde einen Fluch über sie und ihre Segnungen senden
7. Leben, Friede und Ehrfurcht
8. Schuld
9. Erkenntnis
10. Gottes Weisung, seine Rechtsbestimmungen

Toledot Apostel Lektüre
1. Glaube
2. Frieden
3. Bitterkeit
4. Sexuell unmoralisch und unheilig.
5. Eine Mahlzeit
6. Esau wurde verworfen
7. Israel
8. Kinder der Verheißung
9. Sarah
10. Barmherzigkeit

Jakob flieht nach Haran.
1. Eine Frau von den Kanaanitern
2. Paddan-Aram
3. Laban war sein Onkel

Wajeze Thora Lektüre
1. Er schläft mit dem Kopf auf einem Stein
2. Engel Gottes
3. Sieben Jahre + sieben Jahre
4. Lea
5. Ruben
6. Weil Lea in der Lage war, Kinder zu bekommen und Rahel nicht
7. Jah hat Jakob gesagt: "Kehre zurück in das Land deiner Väter und zu deiner Verwandtschaft, und ich will mit dir sein!"
8. Im Sattel ihres Kamels
9. Weil Jah ihm gesagt hat, dass er Jakob nicht verletzen soll / etwas Gutes oder Schlechtes sagen soll.
10. Mahanaim

Wajeze Propheten Lektüre
1. Aram
2. Er Hütete Schafe und diente um eine Frau
3. Durch einen Propheten
4. Durch die Anbetung anderer Götter (spiritueller Ehebruch)
5. Gott
6. Löwe/Leopard
7. Totenreichs
8. Ihre Abtrünnigkeit heilen und sie lieben
9. Eine immergrüne Zypresse
10. Gerechten

Wajeze Apostel Lektüre
1. Bethsaida
2. "Wir haben den gefunden, von welchem Mose im Gesetz und die Propheten geschrieben haben, Jesus, den Sohn Josephs, von Nazareth."
3. Israelit
4. Der König von Israel
5. "Künftig werdet ihr den Himmel offen sehen und die Engel Gottes auf- und niedersteigen auf den Sohn des Menschen."
6. See von Galiläa
7. Fischer
8. "Folgt mir nach, und ich werde euch zu Menschenfischern machen."
9. Zebedäus
10. Haus Israel und das Haus Juda

Jakobs Herden
1. Alle gesprenkelten und gefleckten Schafe, alle schwarzen Schafe und die gesprenkelten und gefleckte Ziegen
2. Laban entfernte alle Böcke, die gesprenkelt und gefleckt waren, Ziegen, die gesprenkelt und gefleckt waren, alles, woran etwas Weißes war, und alles, was schwarz war unter den Schafen
3. In die Tränke, wo die Herden zum Trinken kamen

Wajischlach Thora Lektüre
1. Zu seinem Bruder Esau
2. Vierhundert Männer
3. Zweihundert Ziegen, zwanzig Böcke, Zweihundert Mutterschafe, zwanzig Widder, dreißig säugende Kamele mit ihren Füllen, vierzig Kühe und zehn Stiere, zwanzig Eselinnen und zehn Eselhengste
4. Hüftgelenk
5. Israel
6. Gott, der Gott Israels (El Elohe Israel)
7. Als Rache an Sichem, der ihre Schwester Dinah beschmutzt hatte
8. Bethel
9. Bei der Geburt
10. Sie hatten zu viel Besitz, um zusammenzuwohnen. Das Land war wegen ihres gesamten Viehbestands nicht groß genug

Wajischlach Propheten Lektüre
1. Volk
2. Jahs Mitgefühl
3. Jah
4. Lügen
5. Juda
6. Ephraim
7. Jakob
8. Jakob
9. Während des Laubhütten-Festes
10. Aram

Wajischlach Apostel Lektüre
1. Garten von Gethsemane
2. Petrus und die beiden Söhne des Zebedäus (Jakobus und Johannes)
3. Sie schliefen
4. Mein Vater! Ist es möglich, so gehe dieser Kelch an mir vorüber; doch nicht wie ich will, sondern wie du willst!
5. Menschensohn

6. Ein wenig Sauerteig
7. Jeschua
8. Mit jemand, der sich Bruder nennen lässt und dabei ein Unzüchtiger oder Habsüchtiger oder Götzendiener oder Lästerer oder Trunkenbold oder Räuber ist
9. Vier Engel
10. 144,000

Jakob trifft Esau
1. Esau hatte 400 Männer bei sich
2. Zweihundert Ziegen, zwanzig Böcke, Zweihundert Mutterschafe, zwanzig Widder, dreißig säugende Kamele mit ihren Füllen, vierzig Kühe und zehn Stiere, zwanzig Eselinnen und zehn Eselhengste
3. Damit Esau nicht wütend auf Jakob ist und ihn angreift

Wajeschew Thora Lektüre
1. Jakob
2. Garben, die sich vor anderen Garben verneigen
3. Sie warfen ihn in eine Zisterne und verkaufte ihn an Fremde
4. Jah hat sie getötet
5. Potifar
6. Um Josephs willen
7. Potifars Frau erzählte ihrem Mann, dass Joseph sie schlecht behandelt hatte
8. Die Träume des Mundschenks und des Bäckers
9. Der Pharao
10. Er gab dem Mundschenk seinen alten Job zurück und hängte den Bäcker auf

Wajeschew Propheten Lektüre
1. Geld / Silber
2. Jah
3. Ägypten
4. Vierzig Jahre
5. Propheten und Nasiräern
6. Wein trinken
7. Sie sollten nicht prophezeien
8. Miteinander
9. Seine Propheten
10. Löwe

Wajeschew Apostel Lektüre
1. Sie waren eifersüchtig
2. Jah
3. Gnade und Weisheit
4. Fürst über Ägypten und den Haushalt des Pharaos
5. Eine Hungersnot
6. Um Nahrung zu finden
7. Beim zweiten Besuch
8. Ägypten
9. Sichem
10. Von den Söhnen Hamors in Sichem

Verkauft in die Sklaverei
1. Leibrock
2. Die Brüder Josephs oder die midianitischen Kaufleute
3. Ägypten

Mikez Thora Lektüre
1. Seine Träume gedeutet
2. Zaphenat-Paneach
3. Regent über Ägypten
4. Ephraim und Manasse
5. Er ließ alle Nahrung in diesen sieben Jahre sammeln und in den Städten aufbewahren
6. Um Getreide zu kaufen
7. Simeon
8. Benjamin
9. Weil es für die Ägypter ein Gräuel war, mit den Hebräern zu essen
10. Geld und einen silbernen Becher

Mikez Propheten Lektüre
1. Er ging nach Jerusalem, stand vor der Lade des Bundes und brachte Opfer dar
2. Brand und Friedensopfer / Dankopfer / Heilsopfer
3. Seine Diener
4. Zwei Huren
5. Er wurde im Schlaf erdrückt
6. Wer die wirkliche Mutter des Kindes war
7. Er bat um ein Schwert
8. "Zerschneidet das lebendige Kind in zwei Teile und gebt dieser die eine Hälfte und jener die andere Hälfte!"
9. "Gebt dieser das lebendige Kind und tötet es ja nicht! Sie ist seine Mutter!"
10. Wegen der Weisheit, die Jah ihm gegeben hatte

Mikez Apostel Lektüre
1. So wie wir andere beurteilen.
2. Sie waren eifersüchtig auf Joseph
3. Jah
4. Gnade und Weisheit
5. Pharao
6. Eine Hungersnot
7. Um Getreide zu kaufen
8. Zweimal
9. Zweiter Besuch
10. Ägypten

Joseph und Pharao
1. Ein Ring und eine Goldkette
2. Seinen zweiten Wagen
3. 30 Jahre

Wajigasch Thora Lektüre
1. Juda
2. Sie hatten Angst
3. Jah
4. Das beste Land Ägyptens
5. Dreihundert Silberschekel und fünf Festgewänder
6. "Fürchte dich nicht, nach Ägypten hinabzuziehen; denn dort will ich dich zu einem großen Volk machen! Ich will mit dir hinab nach Ägypten ziehen, und ich führe dich gewiß auch wieder hinauf; und Joseph soll dir die Augen zudrücken!"
7. Land von Gosen
8. Damit der Pharao sie im Land Gosen leben lassen würde. Die Ägypter wollten sich nicht mit Hirten abgeben. (1. Mose 46,34)
9. Lebensmittel
10. Ein Fünftel ihrer Ernte

Wajigasch Propheten Lektüre
1. Für Juda und die Kinder Israels, seine Mitverbundenen.
2. Ephraim und Juda
3. Unter den Heidenvölkern
4. Ein König
5. Volk
6. Jahs Regeln und Satzungen
7. Das Land, das Jakob gegeben wurde
8. Bund des Friedens
9. Heiligtum
10. David (Jeschua)

Wajigasch Apostel Lektüre
1. Die verlorenen Schafe des Hauses Israel (verstreute Stämme)
2. Frieden
3. Israeliten
4. Isaak
5. Esau
6. "Wem ich gnädig bin, dem bin ich gnädig, und über wen ich mich erbarme, über den erbarme ich mich."
7. Den Menschen der Nationen (verstreute Stämme Israels).
8. Eingepfropft
9. Heiden (10 verstreute Stämme Israels)
10. Jeschua

Joseph und seine Brüder
1. Joseph wusste, dass Jah ihn nach Ägypten geschickt hatte, um ihrer aller Leben zu retten
2. Land Gosen
3. Kleidung, Wagen und Vorräte

Wajechi Thora Lektüre
1. 147 Jahre alt
2. Manasse
3. Ephraim
4. Simeon und Levi
5. Das Zepter
6. Zebulon
7. Issachar
8. Siebzig Tage
9. In einer Höhle auf dem Feld bei Machpela, östlich von Mamre
10. Sie dachten, Joseph würde sie hassen und sich für das Böse, das sie ihm angetan hatten, rächen

Wajechi Propheten Lektüre
1. Jahs Gebote
2. Er wird erfolgreich sein
3. Joab
4. Barsillai der Gileadit
5. Benjamin
6. Ihn verflucht
7. Am Fluss Jordan
8. In der Stadt David
9. Vierzig Jahre
10. Salomo

Wajechi Apostel Lektüre
1. Der Engel Gabriel
2. Jeschua
3. Jeschua
4. Er segnete jeden der Söhne Josephs
5. Er stützte sich auf seinen Stab
6. Er sprach über den Auszug der Israeliten aus Ägypten und gab Anweisungen über die Bestattung seiner Knochen
7. Eckstein
8. Wort
9. Der Löwe des Stammes Juda (Jeschua)
10. David

Zwölf Stämme Israels
1. Ruben
2. Simeon
3. Levi
4. Juda
5. Sebulon
6. Issachar
7. Dan
8. Gad
9. Asser
10. Naphtali
11. Joseph
12. Benjamin

WEITERE ÜBUNGSBÜCHER ENTDECKEN!

Zu erwerben unter shop.biblepathwayadventures.com

SOFORT DOWNLOADS!

- Wöchentliches Thora Übungsbuch
- Rein und Unrein
- Hebräisch lernen: Das Alphabet
- Bereschit / 1. Mose
- Schemot / 2. Mose
- Wajikra / 3. Mose
- Bemidbar / 4. Mose
- D'varim / Deuteronomy

www.ingramcontent.com/pod-product-compliance
Lightning Source LLC
LaVergne TN
LVHW060334080526
838202LV00053B/4474